超かんたん　梅酒・梅干し・梅料理——もくじ

MEMO

- 分量は４人分を基本としていますが、加工品や料理によっては１回でつくりやすい分量を目安として記しています。
- 梅の出回り時期は関東南部、関西平野部の温暖地を基準にしています。

樹齢 80 年の梅の古木の根元

山口農園の実梅が開花（３月中旬）

シルクを梅の古木を生かして染める

収穫期の果実（越生べに梅、６月上旬）

塩分濃度は 10 ～ 12％を基本に

青梅の収穫果（白加賀、６月上旬）

<主な参考文献>
『産地発　梅クッキング』梅料理研究会編（創森社）
『梅干し＆梅のレシピ』石澤清美著（主婦の友社）
『手づくりジャム・ジュース・デザート』井上節子著（創森社）
『育てて楽しむウメ　栽培・利用加工』大坪孝之著（創森社）

序章

知っておきたい
梅のＡＢＣ

ヘタを取り除いた青梅（白加賀）

こんなにもすごい！

梅の成分と効用

果実の中央に縫合線がある

図　果実の構造
（断面図）

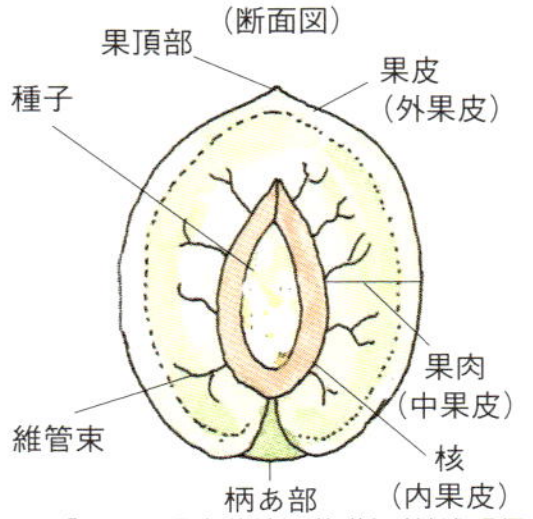

注：『新版　果実栽培の基礎』（杉浦明編著、農文協）をもとに作成

●主成分はクエン酸

梅の実の特徴は、なんといってもその酸味。梅干しを口に含んだときのあの酸っぱさが、それを物語っています。

梅の実は、全体の5％前後の有機酸を含んでいて、その8割近くがクエン酸です。さらにリンゴ酸、コハク酸、酒石酸なども含まれています。幼果のころはリンゴ酸のほうが多いのですが、実が成熟するに従い、クエン酸の比率が高くなっていきます。

その他にも、カルシウム、鉄分、カリウム、リンなどの多量のミネラルを含んだ健康食品です。クエン酸をはじめ、梅には次のような効果があるとされています。

●見ただけで唾液が……

梅干しを食べると、その酸っぱさから唾液が出てきます。日本人なら見ただけで、出てくる人も少なくありません。唾液の分泌を促進し、胃腸のはたらきをスムーズにします。

●天然の防腐剤

青梅に含まれている青酸化合物は、ベンズアルデヒドという成分に変化して、梅酒や梅干し特有の風味を生み出します。ベンズアルデヒドは、酸化して安息香酸という防腐効果の高い物質に変化します。昔から、梅干しは、お弁当やおにぎりに使われてきたのはこのためで、梅製品には「天然の防腐剤」が含まれているのです。

●疲労回復に……

梅の酸っぱさの源であるクエン酸には、疲労回復効果があるといわれています。たしかに猛暑日の続く夏、作業の合間に梅ジュースを飲むと、気分がすっきり。夏バテ予防にも役だっています。

正月に邪気を払い、縁起をかついで飲まれる大福茶（おおぶくちゃ。だいぶくちゃとも読む）には、結び昆布、または切り昆布と梅干しが

梅干しとごはんは昔も今も相性抜群

梅干しの土用干しは日本の風物詩

梅干しには天然の防腐剤が含まれる

●血液がサラサラに

体内を流れる血液が酸性に傾くとドロドロになり、動脈硬化や血栓の原因になります。梅はアルカリ性食品なので、血液のpHを高めて弱アルカリ性にして、血液の流れをサラサラにする作用があるといわれています。

●カルシウムを吸収しやすい

梅干しに含まれているクエン酸が、体内でカルシウムと結びつくと、溶けやすくなり、体内への吸収率が高くなります。

●カリウムやマグネシウムも豊富

梅には、カリウム、マグネシウムが豊富に含まれ、鉄やカルシウムも多いといわれています。カリウムは、心臓や筋肉のはたらきを正常に保ち、腎臓の排泄機能を高める効果もあります。

マグネシウムは、カルシウムと連携して骨の強化や神経・筋肉のはたらきを正常に保ちます。体のバランスを保つために欠かせない成分が、豊富に含まれているのです。

●梅の実は、獣害知らず？

最近はシカやイノシシによる食害が全国的に増えていて、田んぼや畑を荒らされる被害が跡を絶ちません。

そんな中で、丸々と青い実をつけた梅の樹には、動物たちは悪さをしません。生のまま食べると、おなかをこわすことを本能的に知っているのでしょう。

わが家の梅園には、シカやイノシシは寄りつかず、被害もありません。梅の実は、獣害知らずのすばらしい農産物でもあるのです。

暮らしに役だつ

梅暦・梅仕事の勘どころ

梅酒は青梅のころ、梅干しは熟した黄梅が出回るころと、漬けどきが決まっていて、それを逃すとせっかくのシーズンを逃してしまいます。

梅の出回る時期は、地方や品種によって、いくぶん異なりますが、梅雨に入る前に漬けこんで、7月下旬の土用のころに天日干しにするのは、全国各地の風物詩になっています。

梅雨のころに梅の果実が店頭に並ぶ

梅酒や梅ジュースは、夏の暑さを乗りきる健康飲料、梅干しは一年を通じて味わう保存食であり、健康食でもあります。梅のシーズンを逃さぬよう、きっちりと梅暦を把握しましょう。

以下は、私の住む埼玉県越生町での梅暦と梅仕事の流れです。

●5月下旬・梅シーズン到来

2月末から3月上旬が開花期。5月20日を過ぎると、いよいよ梅シーズン到来。青い小梅の出荷が始まります。

わが家で栽培しているのは、甲州小梅、織姫。硬い食感を生かしたカリカリ漬けにぴったりです。

次に収穫が始まるのが、大粒の白加賀。果汁をたっぷり含んでいるので、梅酒や梅ジュースに適しています。

●6月～上中旬・黄色く色づく

6月に入ると、小梅は黄色、中粒の梅もだんだん黄色く色づき始めます。梅酒と梅干し用に大粒品種の収穫と出荷、販売が同時進行になるのがこのころ。梅農家が一年でもっとも忙しい時期です。

●6月中旬～7月下旬・べに梅が色づく

梅の実の収穫も後半戦に。南高や越生べに梅が、赤く色づきます。販売用の梅を出荷しつつ、梅干しの塩漬けも始まります。1樽に60kg。大量に漬けこんでいきます。塩漬けが完了したらひと休み。漬けあがるのを待ちます。

●7月下旬・土用干しスタート

夏の暑さもピークに達する7月20日ごろから、塩漬けした梅を天日に干す

収穫期の青梅
（白加賀）

梅暦と梅仕事

5月	上旬		
	中旬		（小梅の収穫が始まる） 小梅のカリカリ漬けなど
	下旬		小梅の梅干し
6月	上旬		（青梅の収穫が始まる） 青梅酒、青梅ジャム、カリカリ漬け、しょうゆ漬けなど
	中旬		（黄梅の収穫が始まる） 梅干し、黄梅シロップ、黄梅ジュース、黄梅ジャムなど
	下旬		（１週間ほどで梅干しの梅酢液があがってくる） 赤ジソの収穫が始まる
7月	上旬		
	中旬		（土用干し＝７月20日ごろの土用に入ったら、漬けてある梅を干す。梅酢液を保存する）
	下旬		

注：①梅酒は一般に半年から１年後、梅干しは３～４か月後にできる
②基準地は関東、関西の温暖地

甘く味わい深い梅酒

いい塩梅でつくる赤梅干し

土用干しが始まります。お日様に当てることで、酸味がまろやかになるのです。４日間干すのが原則ですが、大量にあるので雨が降ったら大変！　そこで、うちではビニールハウスで天日干しをしています。

●秋～冬・剪定と加工品づくり

猛暑の中、土用干しした梅干しを、１kgずつ袋に詰めたら、梅仕事は一段落。秋の虫の音が聞こえてきたら、お米の収穫が始まります。わが家で栽培しているお米もまた、梅干し同様に天日干し。梅干しさえあれば、ごはんを何杯でも食べられるおいしさです。

梅干しを販売用に詰めたり、梅みそや梅ジャムなどをパッケージに詰めたり、加工品の製造に精を出すのもこのころ。翌年の収穫に向けて、梅の樹の剪定をしたり、その合間を縫って、料理教室やイベントを開いたり……。

こうしてみると一年じゅう、いつも梅尽くしの日々を送っています。

覚えておきたい
梅の種類と用途

花梅（唐梅）が開花

梅は、バラ科サクラ属スモモ亜属の植物で、植物学的には、アンズやニホンスモモに近い存在です。

原産地は中国。長江流域の山岳地帯といわれていましたが、最近は雲南省北西部、四川省南西部、チベット東南部の標高1900～3000mの地域にも、原生分布していることがわかってきました。

日本には、弥生時代に渡来したと考えられています。もっとも古い文献としては、『万葉集』（759年以降）に記述がみられますが、日本で最初に栽培されたのは花梅（花の観賞を中心にした品種群）で、果実の品質のすぐれた実梅は鎌倉時代以降に栽培されたと考えられています。

実梅の花色は白が多い

●小粒から大粒までさまざま

果実の大きさは、小梅系統は、3～8g。中粒は20gくらいまで。大粒は25～30g。さらにアンズに近い系統の品種には50gを超える超特大サイズの果実もあります。

主な品種の特性は89頁の一覧表で紹介していますが、ここでは、私が手がける山口農園で栽培している梅の素顔を解説しましょう。

■小梅の品種

甲州小梅　果実の大きさ5g前後の玉ぞろいのよい小梅です。日当たりのよい果実は、陽光面が赤く着色します。5月下旬～6月上旬に成熟期を迎えます。

織姫　カリカリ漬け用の小梅。白加賀などよりも早く収穫できます。関東を中心に広く栽培されています。

■中～大粒の品種

白加賀　白加賀《しろかが》は、江戸時代から栽培されている古い品種です。粒の大きさは中の大。国内ではもっとも生産量が多く、関東地方を中心に栽培されています。2月下旬～3月中旬に開花。花粉はほとんどなく、自家結実しないため、品種の異なる受粉樹が必要です。成熟期は6月中旬～下旬です。

果実は1果当たり25～30gと大きく、肉質は緻密。梅酒、梅干しのいずれにも使えます。

南高　南高《なんこう》は和歌山県みなべ町の高田貞楠氏が、内田梅の実生《みしょう》の中から発見し、選抜された品種。地元の南部《みなべ》高校の名前が原点で、1965年に名称登録されました。中粒で果肉がやわらかく、高級梅干しの原料として全国的に知られています。

果実は25g前後。熟すと黄金色になり、日が当たると赤く着色します。成熟期は6月中旬〜下旬。自家不結実性なので、栽培には受粉樹が必要です。

越生べに梅 埼玉県越生町に伝わる伝統品種で、6月中旬になると、ひときわ鮮やかな赤い実をつけ、フルーティな香りがします。果肉が厚くやわらかいので、これを漬けた梅干しを高級品として販売しています。

十郎 神奈川県小田原市生まれの梅干し用品種で、果肉が厚く、やわらかいのが特徴。熟すに従い、緑色から黄色に変化します。成熟期は、6月中旬〜下旬。小田原市のブランド梅に指定されています。

鶯宿 鶯宿《おうしゅく》は、徳島県の農家が見出した品種。果実は25〜30gで、果実の緑色が濃いのが特徴です。

豊後 梅とアンズの交雑種で、アンズに近い品種で、果重30gを超える大粒種。原産は大分県で、古くから各地で栽培されています。

高田梅 福島県会津地方の梅で、アンズに近い品種です。果実が大きく果重50gを超えるものも少なくありませ

小粒

甲州小梅。黄熟し始めている

大粒

大粒種の豊後

アンズ

梅と近縁のアンズ

特大

果肉の厚い高田梅

中粒

白加賀の収穫果

赤く色づく南高

鶯宿

地方品種の越生べに梅

ん。会津地方ではカリカリ漬けに欠かせぬ品種になっています。

このように梅は品種や大きさ、その色や熟度により、適した漬け方、加工法があります。産地や品種を確かめて、できれば栽培した農家に、直接その梅に適した加工法と時期を聞いて、漬けることをおすすめします。

●果実の用途と熟度の関係

用途によって、果実の収穫時期が異なります。梅暦のところでも触れましたが、梅酒、梅干しはどちらかといえば青梅を使い、ジャムやジュースには青梅ばかりでなく、黄梅も用います。

そこで、果実の熟度の変化を知ることによって、用途に応じた収穫適期を理解することができます。参考までに甲州小梅、白加賀、南高の熟し具合による変化を写真で示します。

熟し具合や熟期は品種、栽培地、その年の気候により異なります。栽培地が同じでも、日当たりの善し悪しなどによってもちがってきます。

熟すに従い、緑色から黄色（赤色）へと変化。上・甲州小梅、中・白加賀、下・南高。どの段階を求めるかは用途によってちがう

梅を小分けして用いる例

●**青梅**（1kg、または2kg）
- 半分を梅酒に
- 残り半分を梅シロップ、カリカリ漬け、しょうゆ漬けなどに

●**黄梅**（1kg、または2kg）
- 半分を梅干しに
- 残り半分を梅ジャム、黄梅シロップ、梅みそペーストなどに

市販の梅果実。1kg単位が多い

●小分けしてむだなく扱う

市販の梅の生果は、一般に1kg、もしくは2kgの単位で売られています。これらを求めたとき、用途を丸ごと梅酒だけ、あるいは梅干しだけといった具合に限定するのではなく、小分けして使うことも可能です。

たとえば、青梅であれば半分を梅酒に、残りをジュース用の梅シロップ、カリカリ漬けなどに、黄梅であれば半分を梅干しに、残りを梅ジャムなどに思い思いに使うことができます。

少量であっても梅をじょうずにむだなく扱い、梅レシピのバリエーションを楽しみたいものです。

第1章

とっておき梅酒&梅ドリンク

梅酒は美しい琥珀色の結晶

甘くてさわやかな味わい

青梅酒

果汁をいっぱい蓄えた大粒の青梅を使って、梅酒をつくりましょう。甘くさわやかな味わいは、アルコールが苦手な女性にも人気。まずは梅酒づくりの基本形です。

つくり方は意外に簡単で、焼酎に青梅と氷砂糖を入れるだけ。砂糖や酒の種類を変えたり、分量を調節すれば、オリジナルの「マイ梅酒」づくりも楽しめます。

青梅と氷砂糖をすきまなく入れ、ホワイトリカーを注ぎ入れる

青梅酒の材料

つま楊枝で、ひと粒ずつヘタを取る

●梅酒の基本材料

はじめに、梅酒の基本材料について紹介しておきます。

●材料

青梅……1kg
氷砂糖……800g～1kg（好みで調整）
ホワイトリカー（35度）……1･8ℓ
広口瓶（4ℓが目安。口を密封できるものを）

材料早わかり表

梅の実	氷砂糖	ホワイトリカー	瓶のサイズ
500g	250g	900mℓ	容量2ℓ（3号）
1.0kg	500g	1800mℓ	容量4ℓ（5号）
1.25kg	600g	2300mℓ	容量5ℓ（7号）
1.75kg	800g	3200mℓ	容量8ℓ（10号）

梅の選び方

完熟前の、かたい青梅を用意します。中粒～大粒で、果肉が厚く、種の小さな白加賀、豊後、南高などが、梅酒に適しています。新鮮で傷がなく、粒のそろったものを選んでください。

お酒

アルコール度数35度のホワイトリカー（甲類焼酎）を使います。無色透明で香りもクセもありません。25度のものもありますが、アルコール度数が高いほうが、梅のエキスが抽出されやすく熟成も早く進みます。

芋焼酎や麦焼酎を使ってもよいですが、香りが気になる場合もあります。お好みで清酒やブランデー、ウイスキー、老酒、ジンなどを使うと、変わり梅酒が楽しめます。

砂糖

梅酒には、大きな結晶の氷砂糖が最適です。梅からエキスがアルコールにゆっくり浸出するスピードに合わせて、ゆっくり溶け出します。純度が高く、すっき

りした味わいに仕上がります。
お好みで、上白糖やグラニュー糖、ハチミツや黒砂糖、果糖などを使ってもよいでしょう。

容器

梅酒づくりには、広口のガラス瓶が最適です。洗浄や梅の実を出し入れするには、口の広いものが使いやすいのです。

梅は酸が強いので、金属の容器を使うとさびてしまいます。青梅を漬けこむ前に、熱湯で消毒し、内側をよく乾かしてから使います。

◉つくり方

❶青梅は大粒で果肉が厚く、実の張りのよいものを選ぶ。
❷広口瓶は、熱湯で殺菌消毒する。
❸青梅を水でよく洗い、ひと粒ずつふきんでふき、水分を取る。
❹つま楊枝や竹串で、1粒ずつヘタを取り除く。
❺②の広口瓶に、梅の実と氷砂糖を交互に入れる。
❻上からホワイトリカーを静かに注ぎ、ふたをしっかり閉める。
❼光の当たらない涼しい場所で、保存する。2~3か月でできあがり。1年以上経過すると熟成してまろやかな味わいに。
❽1年ぐらい経過したら、梅を取り出す。

ひとくちアドバイス

- 梅酒は3か月ほどで飲めるようになりますが、まろやかな味を楽しむなら、1年待つほうがベター。2~3年寝かせると琥珀色になり、さらにまろやかな味が楽しめます。
- 1年熟成した梅酒に、新しい青梅を5~6個加えると、フレッシュな風味が加わって、さらに味わいが増します。
- 梅酒から取り出した実は、そのまま食べてもよいし、甘露煮にするとさらにおいしく味わえます。

飲み口すっきりの大人の味

辛口梅酒

梅酒はどうしても、甘みが強くて苦手という方には、砂糖の分量を通常の半分以下に減らした辛口梅酒をおすすめします。

砂糖を減らした分、梅のエキスが抽出しにくいので、最低3年は寝かせます。それでもじっくり待つだけのことはあるもの。すっきりとした飲み口と、コクのある味わいが生まれます。

辛口梅酒は、3年以上かけてエキスを抽出

●材料

青梅……1kg
氷砂糖……150～300g
ホワイトリカー（35度）……1.8ℓ
広口瓶（4ℓが目安。口を密封できるものを）

◎つくり方

❶青梅はていねいにふき、竹串でヘタを取る。
❷熱湯消毒して乾かした広口瓶に、青梅と氷砂糖を交互に入れる。
❸ホワイトリカーを静かに注ぎ入れ、ふたをしっかり閉める。
❹密閉して冷暗所に保存。
❺3年間熟成させてから、梅の実を取り出す

ひとくちアドバイス

●辛口梅酒を漬けた梅は、梅のエキスがすっかり抜けてしまうので、ジャムなどをつくるには適していません。

●砂糖をまったく使わずに、ホワイトリカーだけで漬けこむこともできます。ただし、それには5年以上寝かせる必要があります。

馥郁とした味わいに

黄梅酒

梅酒には青梅を使うのが一般的ですが、黄色く熟した梅のみを焼酎に漬けこむと、また味わいの異なる梅酒ができあがります。

青梅に比べて酸味が少なく、甘みが増しているので、口当たりのよいアンズ酒のような馥郁《ふくいく》とした味わいに。青梅よりも果肉がやわらかく、破れやすいので注意して漬けましょう。

◎つくり方

❶黄梅をていねいにふき、竹串でヘタを取る。皮がやわらかいので、破れないように注意する。

❷熱湯消毒して乾かした広口瓶に、黄梅と氷砂糖を交互に入れる。

❸ホワイトリカーを静かに注ぎ入れ、ふたをしっかり閉める。

❹密閉して冷暗所に保存。２～３か月でできあがり。

黄梅酒は、アンズ酒のような風味に

●材料

黄梅……1kg
氷砂糖……500g～1kg
ホワイトリカー(35度)……1.8ℓ
広口瓶（4ℓが目安。口を密封できるものを）

ひとくちアドバイス

●黄梅の完熟しすぎているものは、腐りやすいので使わないようにします。

●青梅に比べて、果肉がやわらかいので、ていねいに扱いましょう。果皮が破れると、梅酒が濁る原因になります。

夏バテ防止や熱中症対策に

青梅ジュース

青梅の香りがする甘酸っぱい梅ジュースは、アルコールの苦手な人や、子どもたちの夏のドリンクに最適です。

砂糖の浸透圧を利用して梅のエキスを抽出してシロップをつくり、水やサイダーで4～5倍に薄めて飲みます。少量の塩を加えれば、夏バテ防止や熱中症予防ドリンクとしても活用できます。

果肉の厚い実を用意する

●青梅シロップの材料

青梅……1kg（大粒で大きさのそろったもの）
氷砂糖……1kg（上白糖や三温糖でも可）
広口瓶……（4ℓが目安）

青梅を冷凍するとエキスが早く抽出できる

氷砂糖がゆっくり溶けてエキスを抽出

漬けこむ前に、楊枝や竹串で果実に穴をあける

column

超高速！なんと炊飯器で梅シロップ

砂糖が溶けて梅シロップができるまで、とても待ちきれない。もっと早く飲みたいという人には、とっておきの道具があります。それはなんと炊飯器。梅シロップ以外にも、いろいろな場面で活躍しています。はじめての人でも、簡単。あっという間にできてしまうので、ぜひ試してみてください。

炊飯器を使うと10時間でできあがり

材料

青梅	1kg
上白糖	800g～1kg
炊飯器	

◉つくり方

①青梅はヘタを取り、よく洗い、氷砂糖といっしょに炊飯器の中に入れる。②保温のスイッチを入れ、7時間加熱する。③シロップを冷まして、熱湯消毒した瓶に移す。

◉つくり方

❶青梅を水洗いして、よく水気を切っておく。

❷表面を竹串で刺して、実の表面に穴をあけ、冷凍する。

❸凍った梅を広口瓶の底に並べ、その上に氷砂糖を入れる。

❹冷暗所に保管する。

❺1日に1回、容器全体を振って、砂糖と梅をなじませる。

❻2週間～1か月後、果汁が出て、青梅がシワシワになったら取り出す。

❼清潔なふきんでシロップを濾し、清潔な瓶に詰めて、冷蔵庫で保管する。

❽水や炭酸で薄めて味わう。

ひとくち アドバイス

●洗った青梅を一度冷凍庫で凍らせてから砂糖に漬けこむと、浸透圧が高まって、早くシロップができます。

●梅の実の両端を包丁でカットしたり、竹串を刺して実に穴をあけると、エキスの抽出時間が早まります。

まろやかな甘さ

黄梅ジュース

梅酒と同様に黄色く熟した梅からも、梅シロップをつくることができます。青梅に比べ酸味が少なく、まろやかな甘さが特徴。材料とつくり方は青梅ジュースとほぼいっしょですが、好みで梅1kgに対して400～500ccのお酢を加えると、よりさっぱりした味わいになります。

黄梅のシロップは、熟成すると明るい琥珀色に

◉つくり方

❶黄梅の実を洗い、ヘタを取り、水分をふいてよく乾かす。
❷広口瓶に入れ、氷砂糖と好みに応じて酢を加え、梅全体になじませる。
❸漬けてから1週間は、瓶を傾けたり、振るなどして、エキスを抽出。
❹1か月ほどで飲めるようになるが、シロップが琥珀色になる3か月後以降がおすすめ。
❺水や炭酸で薄めて味わう。

●黄梅シロップの材料

黄梅（熟したもの）……1kg
氷砂糖……800g～1kg
酢……400～500cc（好みで）
広口瓶……（4ℓが目安）

ひとくちアドバイス

●黄梅の完熟しすぎているものは、腐りやすいので使わないようにします。

●黄梅は青梅よりも実がやわらかいので、漬けこむと実がトロトロに。瓶から取り出して、ジャムにするとおいしくいただけます。

夏の疲れも吹き飛ぶ

梅トマトジュース

梅の季節につくった梅酒や梅シロップは、他の果汁やお酒と合わせて、楽しむことができます。

梅酒はカクテルの材料として、梅シロップは他の果汁やドリンクとブレンドすると、また別の味わいが楽しめます。夏の間、わが家でよく飲んでいる梅トマトジュースを紹介しましょう。

◉つくり方

❶コップにトマトジュースを注ぐ。

❷上から梅シロップを注ぐ。

❸マドラーなどでかき混ぜればできあがり。

●材料

トマトジュース……200g

梅シロップ……20～30g（好みで調整）

ひとくち アドバイス

●甘みが強く、飲み口のよい梅酒は、カクテルベースにも最適。梅シロップの代わりに梅酒や辛口梅酒を使うと、ブラッディマリーにも似た、しゃれたカクテルに早変わり。そのとき少量のレモン汁を加えると、より酸味が引き立ちます。

梅の甘みと酸味が加わり、飲みやすい味に

繊維質も豊富な

梅スムージー

最近は野菜ジュースより、野菜や果物の繊維質や、本来もっている酵素もいっしょにいただくスムージーが人気です。ニンジンやピーマンのように、単体では飲みにくい食材も、少量の梅シロップを加えるだけで、ずっと飲みやすくなります。

ここではニンジンを使ったつくり方をご紹介します。他の野菜でもぜひ試してみてください。

梅シロップとニンジンを用意

●材料

ニンジン……１本
氷……７～８個（キューブ状のもの）
梅シロップ……30cc

ニンジンを薄くスライス

◎つくり方

❶ニンジンは、厚さ約２㎜のいちょう切りにカットする。
❷ミキサーに、ニンジン、氷、梅シロップを入れ、30秒ほど攪拌する。
❸全体がなめらかになったら、ミキサーを止める。
❹氷を入れたグラスに注ぐ。

飲みやすい健康ドリンクに変身

ミキサーに氷も入れてクラッシュさせる

ひとくち アドバイス

●梅シロップに少し水を加えると、すっきりした飲み心地になります。

●そのままではクセがあって飲みにくいケールや大麦若葉などの青汁の材料に、梅シロップを加えてミキサーにかけるといちだんと飲みやすくなります。

さわやかな喉越し

梅干しスカッシュ

夏場の農作業は、暑さでクラクラしそうになりますが、そんな暑さと疲れを吹き飛ばしてくれるのが、この梅干しスカッシュです。

シュワッと爽快な炭酸の喉越しと、夏バテに効くお酢と梅干しの酸味が利いているので、わが家でも梅の収穫や土用干し作業の合間には、欠かせないドリンクです。

市販のサイダーに酢（リンゴ酢があればなおよい）と梅干しを入れて混ぜるだけなので、実に簡単。夏バテ防止にも役だちます。

梅干しが苦手な人も、ストローの先で梅干しの実を崩しながら、ドリンク感覚で味わえます。シュワッとしたサイダーのさわやかな喉越しの中に、梅の香りがほのかに広がっていきます。

●材料

氷……適量
サイダー……250cc
酢……30cc
梅干し……1個

サイダー、酢、梅干し

サイダーに梅干しをひと粒入れ

酢を注ぎ入れる

◉つくり方

❶氷の入ったグラスに、サイダーを注ぎ入れる。
❷箸で梅干しをひと粒グラスに入れ、底に沈める。
❸酢を加え、よくかき混ぜる。
❹ストローで、梅干しを突き崩しながら飲むと、グラス全体に梅の香りが広がる。

ストローの先で梅干しを潰して飲む

梅の酵素ドリンクをつくりましょう！

以前、東京重ね煮クラブの細貝保江さんを講師にお招きして、「梅の酵素を作る会in越生・山口農園」を開きました。

細貝さんは、春は野草、初夏は梅の実、秋は果実・根菜・雑穀などから手づくりの酵素をつくっています。梅の酵素ジュースは、夏バテや疲労回復に効果抜群！　わが家の梅としゅんの国産果物でつくります。

梅の酵素ドリンク

●つくり方

❶以前につくった酵素を使い、水で1000倍に薄めた液をつくり、梅や果物を浸け、30分後に引き上げる。

❷もう一度、酵素の1000倍液をつくり、材料をさっとすすぎ、最後に流水ですすぐ（できれば水道水より湧き水や井戸水がよい）。

❸材料を切り、ジッパー付きポリ袋に入れ、上白糖を加える。

❹砂糖の上にふりかけるように、発酵補助剤「響魂」を入れる。

❺翌日、水分が出てくるので、手で混ぜて砂糖を溶かす。手は事前に、流水でよく洗い、水気をふきとっておく。

❻朝晩１日２回混ぜ、５～７日で砂糖が溶け、材料の水分が抜けて縮んできたら、ざるやガーゼを使ってエキスを漉し、手づくり酵素の素「海の精」を加える。

❼ボウルなどに入れたまま約１日落ち着かせ、保存容器に移し、冷蔵庫で保存する。

❽水や炭酸水で薄めて飲む。

酵素液に梅を漬ける

梅やトマト、柑橘、ビワも使用

● 材料

酵素液（以前につくった酵素液を1000倍に希釈）……適量
青梅……800g
梅の季節に手に入る果物（ビワ、柑橘類など）……200g
上白糖……1.1kg
響魂（発酵補助剤）……18g
海の精（手づくり酵素の素）……36cc

酵素ジュースのつくり方を指導する細貝さん（右）

ひとくちアドバイス

●酵素の絞りかすをネットに入れてお風呂に入れれば入浴剤、土に混ぜると肥料になります。家庭菜園などで活用してください。

「海の精」と「響魂」

第2章

手軽に少量の梅干しづくり

赤ジソを生かした赤梅干し

タイミングを逃さず選びたい

梅干しの材料

6月に入り、青梅がだんだん黄色く色づいてくると、梅の収穫もいよいよ終盤。梅干し用の梅の実の収穫と出荷が同時進行になり、1年でもっとも忙しい時期を迎えます。

集荷場で収穫した実を選別、袋詰めしていると、お客様がやってきて、梅干し用の梅を買い求めていきます。おなじみの方もたくさんいますが、「はじめてで、漬け方がわからない」という方にも、漬け方を説明して販売しています。

6月5日。スーパーの店頭で黄色く色づいた南高を販売

梅干しは漬けごろもポイント。まだ青みが強ければ、「あと何日後に漬けてくださいね」と、説明してからお渡しするようにしています。そんな販売方法が気に入って、毎年買いに来てくださるお客様も増えてきました。

それから電話で注文される方には、「何曜日に漬けますか?」とお尋ねします。もし「土曜日」だったら、その日に漬けごろになる梅を選んでお送りする。これもまた女性だからできる気配りなのだと思います。

●カリカリ漬けには小梅を

お弁当やおにぎりの具材として重宝するのが小梅漬け。わが家では甲州最小(甲州小梅)を栽培しています。

カリカリとした食感を楽しみたいときは、完熟前のかたい実を選びましょう。傷がなく、粒のそろったものがおすすめです。

●大粒の白加賀や南高梅を

肉厚でボリュームのある梅干しには、白加賀や南高がおすすめ。表面に傷や黒い斑点がなく、粒がそろったものを選びましょう。

まだ青くてかたすぎるものは、仕上がりの色が悪く、黄色く熟してやわら

小梅の黄梅はやわらかな歯ごたえの梅干しに、小梅の青梅はカリカリ漬けになる

黄金色の南高の収穫果

黄色く色づきはじめた白加賀

かくなったものは、皮が裂けて崩れる原因になります。青梅が熟して、いくぶん黄色味を帯びたころが、漬けごろです。

もうひとつ、わが家には大粒の実をつける品種があります。それは越生べに梅。青梅の時期を過ぎて、実が熟してくると、表面が鮮やかな紅色に色づくのが特徴です。これを漬けるとみごとな梅干しになるので、毎年この品種だけをお目当てに、買い求めにやってくるお客様もいるほどです。

▲梅干しには、にがり分の豊富な粗塩を

▶容器や道具の消毒に、ホワイトリカー

●塩は粗塩がおすすめ

梅干しづくりには、基本的に粗塩を使っています。精製塩よりも粒子が大きいので、梅になじみやすいのです。またミネラル分が豊富なので、味が尖った感じではなく、まろやかに仕上がります。

うちで梅を買い求めるとき、「塩梅《あんばい》がよくわからない」という方には、必要な分量の塩を計って、梅といっしょにお渡ししています。

最近は「減塩」の梅干しも出回っていますが、あまり塩を控えると、かびたり腐敗したり、保存料が必要になったりするので、おすすめしていません。常温保存できるよう、塩をきっちり利かせて漬けましょう。

●消毒にホワイトリカーを

容器や食材の消毒には、梅酒に使ったホワイトリカー（甲類焼酎）を。アルコール度数35度以上なら、消毒効果があります。

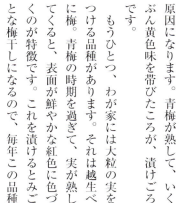

手軽で超簡単！

漬け容器はポリ袋で

梅干しといえば、大きなカメや樽に10kg単位で大量に漬けるもの。だから大変と思っていませんか？　たしかに昔ながらの梅干しは、1年分を大量に漬けこむのが普通でした。だから面倒で億劫になりがちなのですが、今はもっと便利で手軽な道具で、手軽に漬ける方法があります。

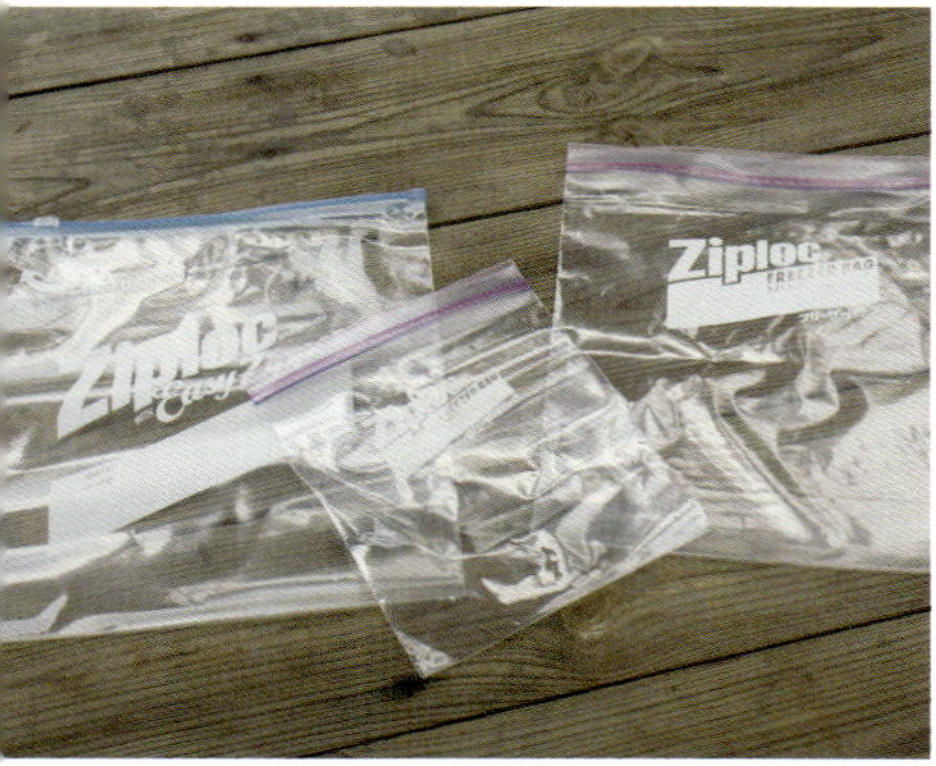

食品保存用のジッパー付きのポリ袋を準備

その便利で心強い道具はなんと、どこの家庭の冷蔵庫でも活躍している、おなじみのジッパー（ファスナー）付きのポリ袋［商品名：ジップロックなど］。専用の樽やカメがなくても、だいじょうぶ。家庭で手軽に梅干しづくりが楽しめます。

梅農家は1年分の梅干しを、大量に漬けこむわけですが、ご家庭では少量の梅をもっと簡単に漬けられます。

少量漬けこむなら、ジッパー付きのポリ袋や、空いている梅酒の瓶を使えば、簡単にできてしまうのです。100円ショップで売っている瓶やタッパーでもかまいません。

小分けにして1kg単位でも、場合によっては500gからでも漬けられるので、一人暮らしの方や保存スペースのない方でも、必要な分だけつくれます。

必要な容器と道具

ジッパー付きポリ袋

漬け容器としては、食品を小分けにしたり、冷凍保存や解凍にも使える、ジッパー付きのフリーザーバッグがおすすめ。厚手で破れにくく、密閉可能で液体がこぼれない。しかも中身がよく見えるので、とても便利。漬ける梅

材料早わかり表

梅	500g	1kg	3kg
塩	50～60g	100～120g	300～360g
アルコール	15～20mℓ	30mℓ	90mℓ
保存袋	Mサイズ	Lサイズ	Lサイズ×3

計量カップと竹串も用意

スプレーで消毒用の焼酎を噴霧する

ボウルやざるは、金属製のものを避ける

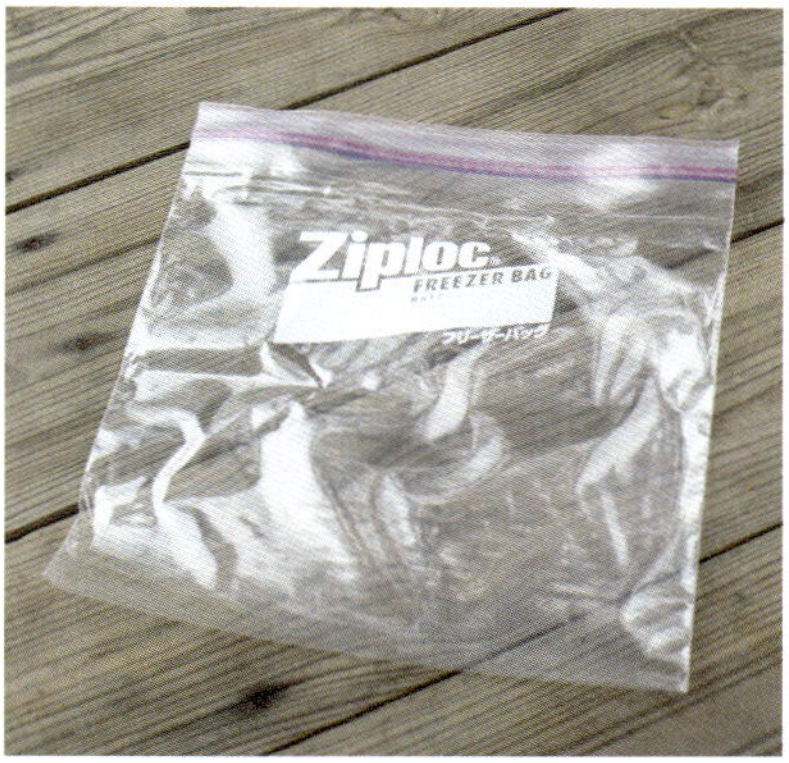

厚手で清潔なものを使用する

の1・5~2倍の容量が必要です。大、中、小といろいろな大きさのものが販売されていますが、大粒の梅をキロ単位で漬けるなら、大を。小梅を少量漬けるなら中でもよいでしょう。

◆ボウル

梅の実を洗ったり、塩をまぶすときに使います。酸や塩分に弱い金属製のものは避け、プラスチックかガラス製のものを選びましょう。

◆ざる

洗った梅の水気を切るときの必需品。プラスチック製のもので十分ですが、土用干しにはよく竹製のざるを使います。

◆ふきん

梅の実をふいて汚れを取ったり、焼酎を含ませて容器や道具をふいて殺菌するときに使います。雑菌が繁殖しないよう、木綿製の清潔なものを選びましょう。

◆スプレー

35度のホワイトリカーを入れ、容器や梅に吹きつけ、殺菌するために使用します。

◆計量カップ

消毒用のホワイトリカー、梅酢やラッキョウ酢などの調味液の計量に使います。

◆竹串

梅のヘタを取るのに使います。

◆保存容器

漬けあがった梅干しの保存用。広口で寸胴なものが便利。熱湯か焼酎で消毒してから使いましょう。中身の見えるガラス瓶、ホウロウや陶器製のものがおすすめ。金属は梅干しのもつ酸にふれるとさびやすいので、使わないようにしましょう。

保存には、中身の見えるガラス瓶が便利

まずは基本中の基本

白梅干し

わが家では代々梅を栽培しており、毎年白梅干しと小梅のしょうゆ漬け、ラッキョウ酢漬けを漬けています。

いちばん大切にしているのは、シソも焼酎も使わずに、塩だけで漬けこむシンプルな白梅干し。余計なものは入れません。梅本来の醍醐味《だいごみ》をストレートに味わえるのが、なによりの魅力だからです。

6月下旬、青梅が黄色く熟してきたら、せっせと塩で漬けこんで、7月下旬の土用の日が近づいたら干し上げるようにします。

なお、完熟しすぎた黄梅は腐りやすいので使わないようにします。また、黄梅はアク抜きの必要はありませんが、黄色がかった半熟の梅はアク抜きをします。

●いい塩梅は「適塩」

一時期、塩分控えめの食事がもてはやされて、梅干しも「減塩」をうたったものがたくさん販売されていました。しかし、塩分を控えすぎると、保存性を高めるために別の化学調味料や合成保存料を加えたり、冷蔵庫で保存しなければならなくなります。

梅干しが日持ちするのは、一定の塩分濃度があるから。それが殺菌効果に

材料は、梅と塩と殺菌用の焼酎のみ

1　よく洗って水気を切る

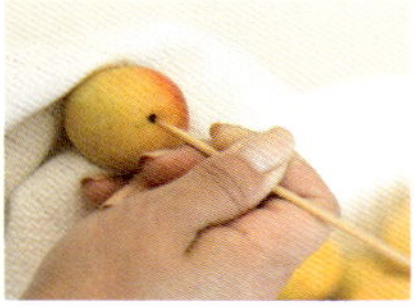
2　竹串でヘタを取る

3　スプレーで焼酎をかけて殺菌

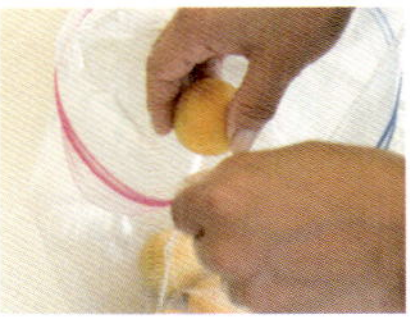
4　ポリ袋へ梅を投入

5　まんべんなく塩を入れる

6　空気を抜いて、袋の口を閉じる

7　袋の上から梅をゆする

梅のエキスがしみ出てくる

重石のペットボトルをのせてもよい

●材料

黄色く熟した梅……1kg
粗塩……100～120g
ジッパー付きポリ袋など

＊梅の重量に対し、塩10%以上を目安にすると、カビが生えにくい。

つながって、おにぎりやお弁当の腐敗防止にもなるのです。
　わが家の梅干しの塩分濃度は大粒の梅なら10～12％、小梅は8％を「適塩」の目安としています。

◉つくり方

❶黄梅をよく洗って、ざるにあげて水気を切る。
❷ひと粒ずつ、梅の実のヘタを取る。
❸材料と容器に、ホワイトリカーをスプレーして殺菌。
❹ポリ袋に梅を入れる。
❺塩と梅を交互に入れていく。
❻袋の中の空気を抜き、密閉するようにして袋の口を閉じる。
❼梅のエキスが塩となじみやすいように冷暗所に置き、毎日、袋全体をゆする。もしくは袋の上に、重石代わりに水を入れたペットボトル（梅と同じ重量）をのせる。
❽2～3日後、梅酢があがってきたら重石を半分にする。

鮮やかな赤ジソで色づけ

赤梅干し

シンプルな塩漬けの白梅干しに対して、赤ジソの色と香りを梅に移して漬けるのが赤梅干し。ちょうど梅の実が出回るころ、スーパーや青果店の店頭に並ぶ赤ジソと、白梅干しからにじみ出る「梅酢《うめず》」を使って、赤く梅干しを染めていきます。

日の丸弁当のように、白いごはんに映える赤色は、赤ジソの塩漬けがもたらす天然の赤い色です。

赤梅干しは天日によく干すことで、いちだんと鮮やかな色になります。白梅干しと同じように、ジッパー付きのポリ袋を使って、紅白2色の梅干しを漬けてみましょう。

袋入りの赤ジソを購入

赤ジソの２割の分量の塩を用意

1　赤ジソ全体に塩をふりかける

2　葉全体をもみ込む

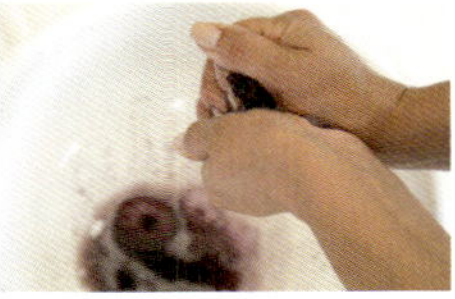
3　ギュッと絞り、アクを出す

4　赤ジソに梅酢を加え、白梅干しの袋へ

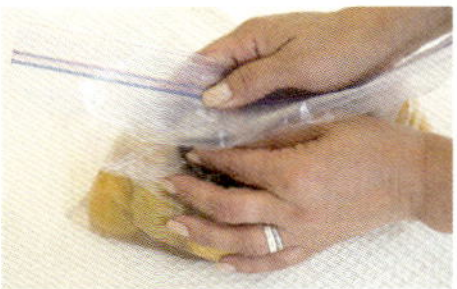
5　空気を抜いて、袋を閉じる

●材料

白梅干し……生梅１kgを漬けたもの
赤ジソ……200g
粗塩……30～40g
白梅酢……お玉に１～２杯
ジッパー付きポリ袋

＊梅の重量に対し、塩10％以上を目安にすると、カビが生えにくい。

▶袋ごともんで、全体をなじませる

◎つくり方

❶赤ジソの葉に塩をふる。
❷全体を手で混ぜて、塩をなじませる。
❸しんなりしてきたら、手でギュッともみ込む。水分（アク）が出てくるまでさらにもむ。
❹赤ジソ全体を両手でしっかりと絞り、出てきたアクは捨てる。
❺ボウルにアク抜きした赤ジソを入れ、お玉で１～２杯分の梅酢を回しか

け、菜箸などでよく混ぜる。

❻⑤の赤ジソを、先に漬けこんでいた白梅干しが入ったジッパー付きポリ袋へ入れる。

❼空気を抜いてふたを閉める。

❽袋ごと、梅とシソをもみ込んで、全体をなじませる。

梅酢とは？

梅を塩に漬けこんで2～3日後にあがってくる透明な液体を梅酢と呼んでいます。これを塩もみした赤ジソに加えると、色がパッと鮮やかになる効果があります。

白梅干しからは黄色味を帯びた透明な液体、赤梅干しからは、赤紫色の梅酢がそれぞれ抽出されます。

おすしや料理の調味料としても使えるので、あがってきたらお玉ですくって、消毒した密閉容器に取り分けて、常温で保存します。強い酸が含まれているので、金属製ではなく木製かプラスチックのお玉を使うとよいでしょう。

梅干しを天日で乾かす

土用干し

昔から、梅干しは「土用干しするもの」とされてきました。いったいなんのことでしょう?

ハウス内で土用干しすれば、急な雨も平気

「土用」とは、立春、立夏、立秋、立冬の前のそれぞれ18日間をさしていて、本来なら年に4回あるわけですが、梅を干すのは7月20日前後。毎年立秋前の「土用」に梅を干すのが恒例になっています。

6月に漬けた梅を、7月下旬に取り出して、天日で4日間ほど乾かす。これを「梅の土用干し」と呼んでいます。塩漬けの梅を日光に当てることで、色づきがよくなり、皮がやわらかく、ふっくら仕上がる効果があります。

梅干しを樽から取り出し、ざるに並べる。梅酢は必要な場合のときのために残しておく

晴れた夏の日に干すと、味がまろやかに

梅干しを漬けた樽の中に、梅酢があがって水分をたっぷり含んだ梅をひとつずつ取り出して、ざるに並べて干す作業が続きます。

白梅干しは4日間天日干しすればOKですが、赤梅干しをさらに赤くしたい場合は、一度干した梅を夜の間赤梅酢に浸し、翌日ふたたび干すと、さらに赤く染まります。

ちょうど蒸し暑い梅雨が明けて、強い日ざしが安定する時期に当たるので、一斉に梅を外に出して干すのにぴったり。ほどよく干し上がったら、ふたたび容器に戻し、冷暗所に保管します。

● 一粒ずつていねいに天地返し

昔から梅の天日干しは、「夜干しをして、夜露に当てたほうがいい」といわれてきました。でも、それはあまり

おすすめできません。外に出したとき、夜温が下がると、水滴が梅の表面に落ちて、それが後にカビが発生する原因になるからです。

私たちは毎年大量の梅を干していますが、土用干しが始まったら、次から次へと干し始め、一粒ずつひっくり返すのは朝一番の仕事です。

また、ざるにくっつきやすく、皮が破れやすいので日中はひっくり返さず、朝のうちにていねいに返していきます。

ハウスがあれば急な雨も大丈夫

天気が長続きしなかったり、土用干しの最中に急な雨に降られたりして、それから取り込んでいたのでは、梅がぬれてしまいます。わが家で活躍しているのは、農業用のビニールハウス。ここに並べておくと、まんべんなく乾くし、雨にぬれる心配もありません。

乾いたら、1kgずつ袋に詰めてふたたび冷暗所で保管します。3か月ほどで、おいしい梅干しのできあがりです。

歯ざわりが楽しい

小梅のカリカリ漬け

小粒ながらも、口に含んだときのカリカリッとした食感がたまらないカリカリ漬け。これを漬けるときは、熟さず青い実を選びましょう。

小梅は丸みをおび、産毛の生えていないものを選ぶのがポイント。早めに収穫した小粒の青梅を使って、塩だけでシンプルに漬けこみます。大粒の梅の場合は、重量の10～12%の塩で漬けます。

お弁当やおにぎりはもちろん、お茶請けや酒の肴としても楽しめます。

1　実梅を水に浸漬させて、アク抜きをする

2　ざるにあげて水気をとる

3　ジッパー付きポリ袋へ少しずつ、小梅を投入

4　全体に粗塩をふり入れる

5　ときどき全体をひっくり返す

6　3日後ぐらいに、梅酢があがってくる

◉つくり方

❶小梅はボウルに30分ほど入れてアク抜きをし、水洗いする。

❷ざるにあげて、水気を切る。

❸小梅をポリ袋に入れる。

❹塩を袋全体にいきわたるように、ふり入れる。

❺ときどき天地を返して、全体に塩をまぶす。

❻全体に塩がいきわたると、3日後ぐらいに梅酢がにじみ出てくる。

❼15～20日でできあがり。

●材料

小梅（青くかたいもの）……1kg
粗塩……80g（梅の8%）
ジッパー付きポリ袋

▶瓶入りのカリカリ漬け

ひとくちアドバイス

●焼きミョウバンを水で溶かしたミョウバン液に小梅を浸して、水洗いしてから漬けこむと、よりカリカリとした食感が楽しめます。ミョウバンの代わりにニガリや、卵の殻（中の膜をはがす）やアサリの貝殻をさらしの袋に入れたものを、梅漬けの中に入れておく方法もあります。

●小梅は、大粒の梅に比べて水分の含有量が少なく、梅酢があがりにくいので、ときどき袋全体の上下をひっくり返し、全体に塩がいきわたるようにしましょう。

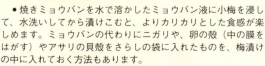

つけ汁も料理に活用

小梅のしょうゆ漬け

小粒の青梅（甲州小梅、織姫）がまだかたいうちに、わが家でよくつくるのが、青梅のしょうゆ漬け。よく洗った梅を容器に入れて、上から薄口しょうゆを注ぐだけ。つくり方はいたって簡単です。

しばらくすると、梅のエキスがしょうゆと混ざり合って、いい香りになります。

おかずや酒肴が足りないと思ったときに食卓にのせると、気の利いた一品になります。

つけ汁を捨てずにとっておき、刺身や料理の調味料としても使います。名づけて「梅しょうゆソース」。チキンソテーなどにかけると、梅の甘みと酸味がマッチして、抜群においしくなります。ぜひお試しください。

青くかたい小梅を選ぶ

梅のエキスがじわじわしみ出てくる

袋に入れ、上からしょうゆを注ぐだけ

●材料

小梅（青くかたいもの）……500g
薄口しょうゆ……１本（１ℓ）
ハチミツ（好みで）……少々
ジッパー付きポリ袋、または消毒済みの広口瓶

１週間ほどで食べごろに。広口瓶に入れて保存

◉つくり方

❶小梅をボウルの水に30～60分入れてアク抜きをする。

❷水洗いして、よく水気を切り、へタを取る。
❸ジッパー付きポリ袋に小梅を入れ、薄口しょうゆを小梅がかぶるほどにひたひたになるまで加え、口をしっかり結ぶ。
❹冷蔵庫に入れると、1週間ほどで食べごろになる。

つけ汁は梅しょうゆソースとして料理に活用

甘ずっぱ～い
小梅のラッキョウ酢漬け

店頭に青梅の実が並ぶころ、いっしょに並んでいるのがラッキョウ酢。わが家では、これでラッキョウではなく青い小梅を漬けています。甘酸っぱくて、食べやすくカリカリとした小梅の食感にもぴったり。お酢が入っているので、夏場に食べると疲れも吹き飛ぶ感じがします。

ラッキョウ酢は、いろいろなタイプの市販品が出回っていますが、メーカーによって甘みが濃かったり、酸味がきつかったりして、味つけが微妙に違います。

いろいろ試した結果、私たち農家にいちばん身近な「Aコープ」のラッキョウ酢が、いちばんおいしくなることがわかりました。「やっぱり農家の味方、Aコープのラッキョウ酢が一番！」と、お客様にもすすめています。ぜひ近くの農協が経営しているAコープや農産物直売所で買い求めて、チャレンジしてください。

青梅（甲州小梅など）を使用

ジッパー付きポリ袋に入れ、上からラッキョウ酢を注ぐ

ラッキョウ酢で漬けた状態。漬けこんだラッキョウ酢は、炭酸で割って飲んだりすることができる

広口瓶に入れて保存。１か月ほどで食べごろに

●材料

小梅（青くかたいもの）……1kg
ラッキョウ酢……１本（１ℓ）
ジッパー付きポリ袋、または消毒済みの広口瓶

なお、ラッキョウ酢のつけ汁は、炭酸水で割って飲むことができます。

◎つくり方

❶小梅を水に浸け、30～60分ほどアク抜きをする。
❷小梅の実をよく洗い、水気を切る。
❸ヘタを取る。
❹消毒したポリ袋や広口瓶に小梅を入れ、ラッキョウ酢をひたひたになるまで注ぎ、ふたをする。
❺１週間ほどで食べごろに。

梅干しの塩加減と注意点

最近は、減塩ブームで塩分量が少なかったり、調味料や保存料を添加した梅干しも多く出回っていますが、私は塩以外の調味料や甘味料を必要とするような漬け方は、すすめていません。梅本来の風味を損ないますし、冷蔵庫で保存するようでは、梅干しではないと思うからです。

梅と塩だけのおいしい梅があれば、他のおかずがなくても、ごはんは食べられます。みなさんにも、梅本来の味を生かしたほんとうの梅干しをつくっていただきたいのです。

梅干しの塩分量は、生梅の重量の20%や18%という漬け方もあります。私は、大粒の梅は12~10%、小梅は8%とかなり控えめで漬けこんでいますが、カビが生えるようなことはありません。ですから、毎年梅を購入してくださるお客様にも、同じ分量で漬けるようにおすすめしています。

ところが、ごくまれに「カビが生えてしまった。どうしよう」とお電話をいただくことがあります。せっかく梅を買っていただいたのに、それではもったいない。カビが表面だけで、梅酢が濁っていなければ、上の部分を取り除いて、空気が入らないように密閉すればだいじょうぶです。

カビを防ぐには、漬けこむ前から次のことに注意してください。

❖梅と道具、容器を消毒

やはり漬けこみ前の消毒は大事です。梅やボウル、ざるなどにアルコールを霧吹きでまんべんなく吹きつけること。容器は煮沸《しゃふつ》、もしくはアルコール消毒すること。ジッパー付きポリ袋を使う場合は、使い古しではなく、新品を使うこと。空気が入らないように、きっちり密閉できるのも、ポリ袋のいいところです。

❖塩はまんべんなくふる

塩漬けするときに、表面に塩のついている部分とついていない部分ができてムラができると、ついていないところに雑菌が繁殖し、カビの原因になります。塩が全体にムラなくいきわたるよう心がけましょう。

❖雨に当たったら……

ときどき「土用干ししていたら、急に雨が降ってきてぬれてしまった。もう台無しですか?」という電話もありますが、決して諦めることはありません。ぬれた梅を梅酢かホワイトリカー(35度以上)にくぐらせて消毒し、保存します。このとき、ざるも忘れず消毒しましょう。次の晴れた日に外へ出し、日に当てればだいじょうぶです。

まんべんなく塩をふり

密閉容器で保存

第3章

出色の梅レシピ あれもこれも

砂糖で煮つめた梅の甘煮

とろりとした甘ずっぱさ

黄梅ジャム

青梅のシーズンが終わるころになると、入れ替わるように黄熟した黄梅が出回るようになります。

傷みや斑点のあるものは梅干しには使えませんが、ジャムにするのであればOK。黄梅ジャムは、鮮やかなオレンジ色ととろりとした甘ずっぱさが魅力。朝の食卓を引き立てます。

◉**つくり方**

❶梅を洗い、竹串（または楊枝）でヘタを取る。傷んでいる部分があれば取り除く。

❷ホウロウ鍋（または土鍋）に梅を入れ、たっぷりの水で軽く下ゆでをする。やわらかくなってきたらざる（またはボウル）にあげ、水気を切る。

❸種を取り除き、果肉をこそぐようにして汁ごと鍋に入れる。

❹砂糖を加え、中火にかけて煮たったら、木杓子《きじゃくし》や木べらで鍋底が焦げつかないようにかき混ぜたり、アクを取り除いたりしながら弱火で10～15分間とろりとするまで煮つめて仕上げる。

材料の黄梅とグラニュー糖

1　ヘタを取る

2　軽く下ゆでをする

3　種を取り除く

4　果肉を汁ごと鍋に

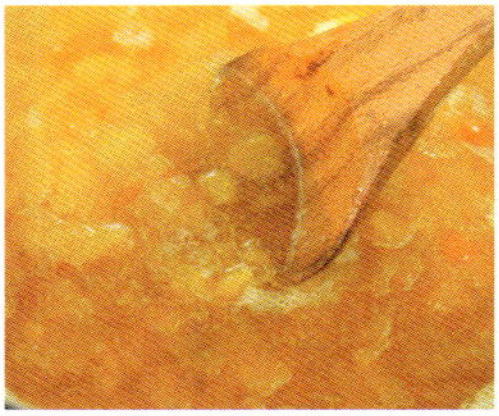
5　砂糖を加え、煮つめて仕上げる

●**材料**

黄梅……500g
グラニュー糖……300g（種を除いた梅の重さの50～70%。上白糖でもよい）

ひとくち アドバイス

●手づくりジャムなので果実の形や果肉の一部をそのまま残すプレザーブタイプのつくり方を紹介しましたが、③のところで果肉や果皮を包丁でたたいて細かく刻むのも一つの方法です。さらになめらかな仕上がりを好む場合は、果肉や果皮を濾し器などを使って裏ごしします。

●下ゆでした果肉はわりあいに果汁が多いので一度に砂糖を入れますが、もうちょっと水分が出てきたほうがよいと思う場合、砂糖を２～３回に分けて入れてもよいでしょう。

フレッシュな味わい
青梅ジャム

梅は日本人の暮らしに欠かせない果実ですが、梅ジャムとなると意外に市販品はそう多くはありません。生の青梅を生かし、酸味のきいたフレッシュな味わいのジャム。手づくりで、果肉の一部がそのまま残るプレザーブタイプならではの逸品を楽しみたいものです。

材料の青梅とグラニュー糖

1　水にさらして、アク抜きをする

2　下ゆで。やわらかくなると、竹串がすっと通る

3　果肉をこそぎ、種を取り除く

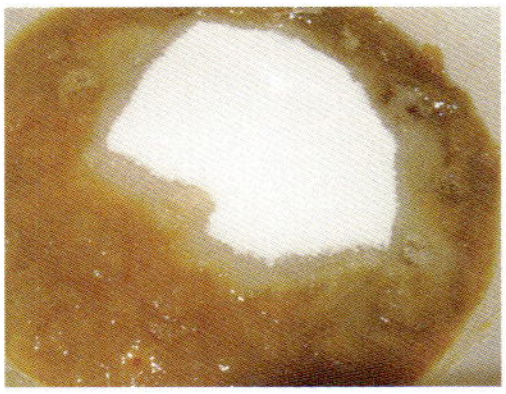
4　砂糖を加え、弱火で煮る

5　木べらで混ぜながらとろりと煮つめる

●材料

青梅……500g
グラニュー糖……400g（種を除いた梅の重さの70～80%。上白糖でもよい）

瓶に詰めた青梅ジャム（左）と黄梅ジャム

◎つくり方

❶梅を洗ってたっぷりの水に2～3時間さらしてアク抜きをし、ざる（またはボウル）にあげて竹串（または楊枝）でヘタを取る。

❷ホウロウ鍋に梅を入れ、たっぷり

の水でやわらかくなるまで（竹串がすっと通るまで）下ゆでをし、ざるにあげて水気を切る。
❸種を取り除き、汁ごと果肉を鍋に入れる。黄梅より青梅のほうが種に付着している果肉が多いが、種と種をこすり合わせてこそいだり、スプーンでかき落としたりする。
❹砂糖を加え、中火にかけて煮たったら、木べらなどで鍋底が焦げつかないようにかき混ぜたり、アクを取り除いたりしながら30～45分間弱火で煮つめ、とろりと仕上げる。

ひとくち アドバイス

●ジャムづくりでむずかしいのが、仕上がりの見きわめ方。熱いときにちょうどよいと思っても、冷めると予想外にかたくなるので、ちょっとゆるいかなと思うくらいで火からおろすようにします。

心配なときはコップに冷たい水を入れ、煮つめたジャムを少したらし、散らずに底まで沈むくらいの濃度であればだいじょうぶ。

まろやかな風味が身上

梅酒の梅ジャム

梅酒ができたあとに残った梅。そのまま取り出して食べてもおいしいのですが、けっこう量があるので残ってしまいがちです。

これを生かしてつくる梅酒の梅ジャム（プレザーブタイプ）。酸味がほとんどなく、まろやかな風味が身上です。

瓶をあらかじめ煮沸消毒する

◎つくり方

❶ホウロウ鍋（または土鍋）に梅を入れ、たっぷりの水で軽く下ゆでをし、アルコール分をとばす。ざるにあげて水気を切る。

❷種を取り除き、果肉をこそぐようにして鍋に入れる。

❸砂糖を加え、木べらなどで鍋底が焦げつかないようにかき混ぜながら弱火で10～20分間とろりとするまで煮つめて仕上げる。

梅酒瓶から取り出した梅

1　砂糖を加え、木べらでかき混ぜる

2　弱火で煮つめて仕上げる

3　熱いうちに瓶に詰める

●材料

梅酒の梅……500g（漬けて２～３か月で取り出したもの）
グラニュー糖……300g（種を除いた梅の重さの 50 ～ 70%。上白糖でもよい）

保存瓶に詰めた梅ジャムいろいろ

ひとくち アドバイス

- ジャムは熱いうちに密閉容器に入れ、なるべく２～３週間で食べきります。
- 長期保存する場合、煮沸消毒した耐熱性の保存瓶に入れ、ふたをしめ、逆さまにして脱気して冷ますと、室温で２～３か月（冷蔵庫に入れて半年ほど）保存できます。また、煮沸消毒した耐熱性の保存瓶に入れたあと瓶ごと弱火で 20 ～ 30 分間煮ると、室温で１年間はゆうに保存できます。いずれの場合も、ふたを開けたら早めに食べきるようにします。
- 早めに食べきることを考える場合、あらかじめ煮沸消毒した小さめの保存瓶に小分けして入れておくほうが便利です。
- たとえ自家用でも次年度の参考用に製造年月日、梅や砂糖の分量などを書いたラベルを瓶に貼ります。

ほんのり上品な甘さ

梅の甘煮

しっとりと味がしみた青梅の甘煮は、冷やすとデザートやお茶請け、酒の肴にもなり、重宝します。薄いポリ袋と鍋を生かしてつくるのが、東京重ね煮クラブの細貝保江さん直伝の超簡単レシピです。

材料の青梅とグラニュー糖

1　ポリ袋の梅に砂糖を加える

2　中の空気を抜き、輪ゴムで口をしばる

3　中火で約20分間ゆでる

4　残った砂糖を袋ごとゆすって溶かす

▼お茶請けにぴったり

●材料

青梅……300g
グラニュー糖……200g（梅の重さの60～70%）
水……50cc

◉つくり方

❶梅を洗い、竹串（または楊枝）でヘタを取る。たっぷりの水に1～2時間さらしてアク抜きをする。

❷水気を切って梅をポリ袋に入れて砂糖と水を加え、空気を抜きながら輪ゴムで口をしっかりしばる。

❸鍋（直径22～30cmの両手鍋など）に水を張り、鍋底にふきんを敷き、②を入れて沸騰するまでふたをして弱火にし、沸騰したら袋がゆらゆら動く程度の弱火から中火にし、約20分間ゆでる。

❹鍋からいったんポリ袋を取り出し、溶け残った砂糖をそっとゆすって溶かしきる。

❺ふたたびポリ袋を鍋に戻し、ふたをして湯が冷めるまで3～4時間おく。さらに冷蔵庫に1～2日おき、味をしみ込ませる（長もちしないので1週間ほどで食べきる）。

テンサイ糖で煮つめた甘煮

上白糖で煮つめた甘煮

ひとくち アドバイス

●薄手のポリ袋がなければ、スーパーのレジ奥などにある薄いペラペラの袋でもＯＫ。ただし、熱した鍋にじかにふれると破けるので注意します。

●梅の甘煮は味をしみやすくしたり、煮くずれを防いだりするために針や竹串で実に穴をあけるのが一般的ですが、あえて穴あけの手間をかけなくても味がよくなじみ、おいしく仕上がります。

●砂糖は上白糖、テンサイ糖、キビ砂糖などでもよく、できあがりの色合い、風味がちがってきます。

お茶請けにぴったりの甘み

甘露梅

生の梅を砂糖漬けにして、赤ジソと合わせたものを、「甘露梅《かんろばい》」といいます。青梅を割って種を取り出し、砂糖に漬けるので、丸ごと梅干しにできない、傷のある梅の実も活用できます。

カリカリとした食感で、甘酸っぱい味わいが、口の中いっぱいに広がります。お茶請けにぴったりの梅のほどよい甘みです。

●材料

青梅（割って種を取り出したもの）……1kg
上白糖……500g
赤ジソ……適量

1　お皿の底でも割れる

2　割れた実から種を取り出す

3　梅の実を入れ、砂糖で漬けこむ

4　砂糖が溶けたら、赤ジソをまぶす

専用の梅割り器で押し潰す

瓶の底を押し当てて梅を割る

ほんのり赤く色づいたら食べごろに

◉つくり方

❶梅をよく洗い、ざるにあげて水気を取り除く。

❷梅の実を梅割り器などで割り、中の種を取り出す。

❸大きめのタッパーに、種を抜いた梅を入れ、全体にまんべんなく砂糖をまぶす。

❹砂糖が全体になじんで溶けてきたら、全体にアク抜きをした赤ジソ（34頁参照）を好みの分量で散らすようにして混ぜる。

❺全体に色が回って、ほんのり赤く色づいたら食べごろに。

ひとくち アドバイス

●専用の梅割り器がない場合は、木槌でたたいてもよいですし、それもない場合は、大きめのガラス瓶やお皿の底を使って、梅の実を割ることもできます。上からたたき割るのではなく、瓶や皿の底をゴリゴリと押しつけるようにすると、うまく割れます。

肉料理との相性抜群！

梅みそペースト

梅干しとみそ。日本生まれのこのふたつの素材は、とても相性がよいことをご存じですか？

山口農園の加工品の中で、いちばんよく売れているのが、製品名でおにぎり梅と万能梅みそ。つまり梅とみそのコラボ商品なのです。

おにぎりの具材に入れてもいいですし、表面に塗って焼きおにぎりにしてもよし。ごはんとの相性がよく、何個でも食べたくなってしまいます。

梅とみそを合わせてつくるペーストは、肉との相性もバッチリ。梅肉の酸味とみそのまろやかさ、そこにピリリと豆板醤《トウバンジャン》の風味が加わると、暑い日も食欲が倍増します。焼き鳥やポークソテーなど、家庭の定番料理の表面に塗って焼き上げると、香ばしい香りが

梅肉を包丁でたたいてペースト状に

焦げつかないように混ぜる

梅農家直伝、梅みそペーストのできあがり

●材料

梅肉（大きめの梅干し３個分）……40g
みそ……40g
砂糖……20g
豆板醤……小さじ２
すりおろしニンニク……少々
みりん……大さじ１

梅みそペーストは趣向を凝らし、オリジナルの「万能梅みそ」として製品化

漂って、食べずにはいられなくなります。

梅の酸味が食欲をそそる、梅農家直伝の家庭用梅みそペーストです。

◉つくり方

❶梅干しから種を取り出して、梅肉を包丁で細かくたたいて、ペースト状にする。

❷テフロン製の鍋に梅肉、みそ、砂糖、豆板醤、ニンニクを入れ、木べらで焦げつかないように全体をかき混ぜる。

❸みりんを加えて全体をなじませ、中火で1～2分、木べらで混ぜながらあえる。

ひとくち アドバイス

●焼き鳥の表面に塗り、網焼きにしたり、ポークソテーの表面に塗ってフライパンで焼くのがおすすめ。加熱して焦げ目がつくと、またいちだんとおいしくなるのです。

●小さなお子さんがいる場合は、豆板醤を抜くか、控え目にするとよいでしょう。

空き瓶でシャカシャカつくろう

梅ドレッシング

梅干しのもつまろやかな酸味は、調味料に役だてることができます。それを発揮できるのが、梅ドレッシングです。ドレッシングには、手づくりでも市販品でもかならず食酢が入っています。穀物酢やバルサミコ酢など、いろいろありますが、食酢に梅のペーストを加えると、手づくりのおいしいドレッシングができます。

梅には酸味といっしょに甘みも含まれていて、他の酢に比べて酸味もやわらかいので、子どもにも食べやすいまろやかな味に仕上がります。

だしを加えているので、サラダだけでなく、お豆腐など和風の素材にもよく合います。かける前に、シェイカーやふた付きのガラス瓶に入れて、シャカシャカよくふって使いましょう。子どもといっしょにやると盛り上がります。

瓶にねり梅を入れ、酢を加える

材料を混ぜ合わせ、調味料を加える

上下に激しくふり、シェイクする

●材料

ねり梅（包丁で梅肉をたたき、ペースト状にしたもの）……5g
すりおろしニンニク……1片分
酢……大さじ3
だし汁……小さじ1
サラダ油……大さじ2
塩・コショウ……適量

◉つくり方

1. ふたのついた広口瓶に、ねり梅とニンニクを入れる。
2. ①にだし汁を入れ、全体をなじませる。
3. サラダ油を入れてふたを閉め、上下に激しくふって、混ぜ合わせる。
4. ふたたびふたを開け、ガラス瓶の上から、塩とコショウを入れる。
5. ふたをして、上下に激しくふって調味料を混ぜる。
6. 食べる直前にシェイクして、サラダや豆腐にかける。

ひとくち アドバイス

●ドレッシング専用のシェイカーや広口の空き瓶を使ってつくります。
●残ったらふたをして、そのまま冷蔵庫へ。食べる直前にふたたびシャカシャカふっていただきます。

ローストビーフにぴったり！

梅ソース

梅干しを使えるのは、和風の料理だけだと思っていませんか？　けっしてそんなことはありません。わが家では、和洋中、ジャンルを問わずに梅干しやねり梅が活躍しています。

たとえばローストビーフ。そのつけ合わせのソースに、赤ワインと梅肉を使っています。ブドウと梅の酸味が融合して、真っ赤なソースのできあがり。

梅ソースの材料

2　ねり梅に砂糖を加えて加熱する

1　ワイン、塩・コショウで味を調える

3　上もも肉の表面を焼く

●材料

ねり梅（包丁で梅肉をたたき、ペースト状にしたもの）……40g
砂糖……40g
赤ワイン……大さじ１
水……少々
塩・コショウ……適量

主役のローストビーフも、炊飯器を使うと簡単にできてしまいます。合わせてそのつくり方もご紹介しましょう。

◉つくり方

❶鍋にねり梅を入れ、中火で加熱する。
❷砂糖を加え、木べらで混ぜる。一度に入れると焦げるので注意。少しずつ加え、砂糖が溶けて梅肉になじんだら、追加する。
❸赤ワインを入れ、とろみが足りなければ水を加える。
❹塩・コショウで味を調え、仕上げる。

ひとくちアドバイス

●梅の赤ワインソースは、サラダのドレッシングとしても使えますし、マヨネーズと混ぜても相性がよいです。

column

番外編

超簡単!

炊飯器でつくるローストビーフ

青梅シロップをつくるときと同様に、ここでも炊飯器が大活躍。手早くローストビーフをつくることができます。

▲肉をポリ袋に入れ、炊飯器へ

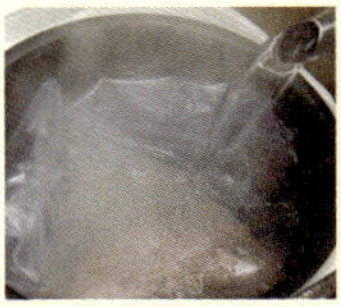

▲熱湯を注ぎ、保温モードで40分加熱

材料…牛ももブロック肉 1kgぐらい／塩・コショウ 適宜／ジッパー付きポリ袋 大1枚／水 適量／炊飯器

◉つくり方

①牛もものブロック肉の表面に塩・コショウをふる。

②フライパンに油を引き、表面に焦げ目がつくまで焼く。

③ブロック肉を取り出して、ポリ袋に入れ、空気を抜いて口を閉じる。

④炊飯器にお湯を入れ、③の肉を袋ごと投じて保温モードで40分加熱。切り口も目に鮮やかなローストビーフのできあがり。

おにぎりには欠かせない

梅がつお

梅とかつお節は、和食にしかない定番素材。これを組み合わせるとたがいの酸味とうま味が調和して、すばらしい味わいが生まれます。

つくり方は簡単。これさえあれば、ごはんが何杯も食べられますし、おにぎりの具材や、キュウリやニンジンなど、野菜との相性もよく、和製ディップとしても重宝しています。

◎つくり方

❶梅干しの種を取り出し、包丁でたたいて細かく刻み、ねり梅の状態に。
❷ボウルにねり梅を入れ、みりんを加えてスプーンで混ぜ、ペースト状に伸ばす。
❸砂糖とかつお節を加え、全体によくなじませる。
❹密閉容器に入れ、冷蔵庫で保存。

●材料

梅干し……30g（約５個分）
みりん……大さじ２
砂糖……小さじ１
かつお節……３g

意外に手軽につくれる

梅ふりかけ

●材料

梅干し……30g
（約５個分）
乾燥ワカメ
……小さじ１
かつお節……３g
白ゴマ……小さじ１

ふりかけはお店で買うものと思い込んでいませんか？　ほんとうは梅干しをはじめ、乾燥ワカメや白ゴマなど、家庭にある材料で、意外に簡単につくれるのです。

ごはんのおともとしてはもちろん、冷奴にのせてもＯＫ。酸味があるので食欲も進みます。潰れた梅干しを使ってつくり置きしておくと、何かと便利です。

◉つくり方

❶梅干しの種を抜き、手で梅肉を細かくちぎる。

❷ちぎった梅干しをフライパンに入れ、弱火で加熱、木べらで混ぜながら乾煎りして、水分を飛ばす。

❸乾燥ワカメ、かつお節、白ゴマの順に入れて、さらに加熱する。水分がなくなって、全体が混ざり合えば、できあがり。

❹ガラス瓶やタッパーに入れて保存する。

切り口にパッと花咲く

ねり梅入りの花ずし

切り口に花模様を描く花ずしは、春のお花見や、遠足、運動会のときなどに、よくつくります。梅干しを使った料理教室でも大人気のメニューです。

酢飯には、米酢の代わりに梅酢を使い、白いごはんにねり梅を混ぜたごはんで花びらを形づくっています。

まん中の黄色いたくあんは、お花の芯。青菜やキュウリで葉っぱを表現しています。細巻きを4本。白いごはんと海苔で巻き込んで太巻きをつくります。

カットする瞬間、ドキドキの緊張感が走りますが、切り口が現れたとたん、「うわあ、きれい!」と歓声があがります。子どもたちといっしょに、ワイワイいいながらつくるのも、楽しいですよ。

昆布を入れて炊きあがったごはんに、梅酢を混ぜる

●材料

昆布…8㎝　梅酢…50g　砂糖…15g
ねり梅…適宜　ゆかり…適宜
たくあん細切り（卵焼きの細切りでも可）……2本
ホウレンソウ（キュウリの細切りでも可）……4束
海苔……全型2枚、1/3サイズ10枚

◉つくり方

❶米をとぎ、炊飯釜に分量の水、昆布を加えて、かためにごはんを炊く。

❷梅酢と砂糖を混ぜておき、炊き上がったごはんに、しゃもじを立てて、サクサクと混ぜる。

❸②酢飯400gをボウルに取り、ねり梅とゆかりを混ぜ、梅色の酢飯をつくる。

❹巻き簀に1/3サイズの海苔をのせ、その上に③の酢飯を50gずつ取って広げ、細巻きずしを8本つくる。これが花びらの部分になる。

❺巻き簀の上に全型の海苔1枚と1/3サイズの海苔を継ぎ足し、のせる。これが太巻きになる。

❻⑤の海苔の上に②の白い酢飯200gをのせ、海苔の端の部分を少し残して、全体に均等に広げる。

❼中央に④の細巻きを2本並べ、その中間にたくあん、両側にホウレンソウをのせ、さらに④の細巻きを2本のせる。ここで横から見て花模様になっているか確認する。

❽手前の巻き簀を持ち上げ、細巻きの上に白い酢飯50gを補いながら、まとめて巻き込んでいく。

❾最後に巻き簀で全体を絞めればできあがり。

＊巻き方の手順については、66〜67頁に写真入りで解説しています。

巻く手順

4 くぼみに細巻き２本を並べ、その間に卵（たくあん）をのせ、
その上にホウレンソウを２本のせる。

5 ホウレンソウの上に細巻き２本をのせ、上から押さえるようにする。

6 細巻きの上にごはん５０ｇを補いながら、巻き込む。

花ずしを

1

海苔1／3枚に③の桃色のごはん50gずつの細巻きをつくる（8本）。

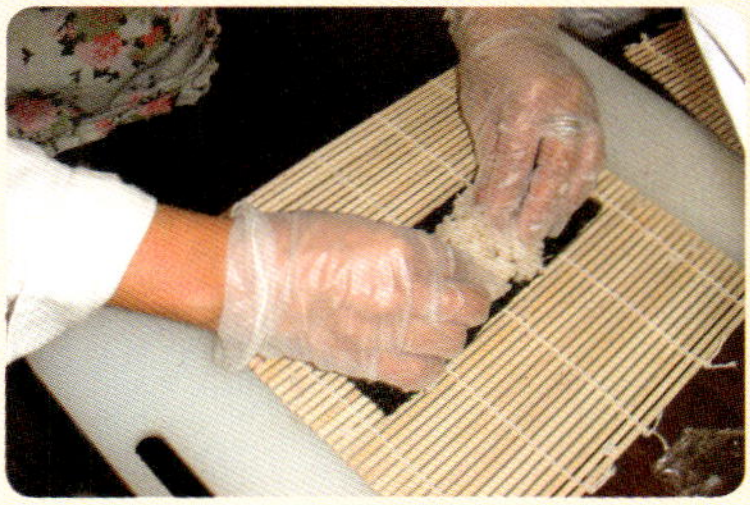

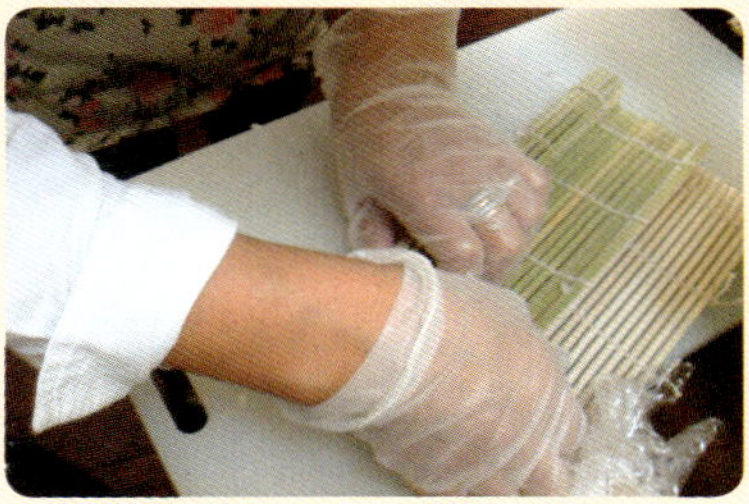

2

縦に置いた海苔1枚と1／3枚を継ぎ足して、巻き簀の上に広げる。

3

ごはん200gを海苔の上に広げ、箸でまん中にくぼみを2本つくる。

生クリームと意外に合います

梅干しのパスタソース

梅干しでパスタといえば、和風のしょうゆ味をイメージするかもしれませんが、ちょっとコクとパンチが足りない。そこで思いきって生クリームを使ってパスタソースをつくってみました。しらすとマッシュルームも加えるので、味が濃くてクリーミーな仕上がりに。何事にもチャレンジですね。山口農園の梅干しや加工品は、イタリアンやフレンチのシェフも使ってくださっています。和食が世界で大人気な今、梅干しはすでに日本限定のものではなくなりつつあって、世界じゅうの料理で活躍する日がくるはず。そんな予感がしています。

1　生クリームと牛乳を熱する

2　ねり梅を入れ、混ぜ合わせる

3　しらす、マッシュルームを加える

4　木べらでよく混ぜる

●材料（2人分）

生クリーム……1カップ
牛乳……1/2カップ
ねり梅……50～60g
しらす（ちりめん）……20g
マッシュルーム……20g
パスタ（ゆでたもの）……2人分
塩・コショウ……適量
トマト……適量
バジル……適量

◎つくり方

❶フライパンで生クリームを熱し、牛乳を加え温める。
❷①にねり梅（梅肉をたたいて刻む）を加えて、よく混ぜ合わせる。
❸しらすとマッシュルームを加え、さらに加熱する。
❹ゆでたパスタを加えて混ぜる。
❺塩・コショウで味を調える。
❻お好みで、刻んだトマトやバジルをのせれば、できあがり。

パスタにソースをからめ、味を調える

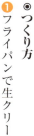

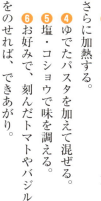

いろいろなパターンが楽しめる

梅ディップ

小さな会合やパーティーの席で、喜ばれるのが梅を使ったディップです。

バゲットやクラッカーや野菜につければ、ちょっとした前菜の代わりに。チーズ、バター、マヨネーズ、豆腐、いろいろな食材と合わせることで、パターンが増やせますし、梅干しの酸味がマイルドに。子どもやお年寄りも食べやすいと評判です。

◉つくり方

1. 赤ジソの梅酢漬けは、さっと水洗いして固く絞る。
2. ゆで卵の白身はみじん切りにする。
3. ボウルにカッテージチーズと梅肉(たたいて、みじん切りにする)を入れ、スプーンで混ぜ合わせる。
4. ③に赤ジソ、卵の白身、マヨネーズを加えてよく混ぜ合わせる。
5. 仕上げにパセリをふる。
6. 塩・コショウをふって、味を調える。

1　チーズと梅肉を混ぜる

2　赤ジソを入れる

3　ゆで卵の白身を入れる

4　マヨネーズを加える

5　パセリを加えて混ぜる

●材料

赤ジソの梅酢漬け……小さじ1
ゆで卵の白身……1個分
カッテージチーズ……100g
梅干しのみじん切り……1個分
マヨネーズ……大さじ1
パセリのみじん切り……少々
塩・コショウ……適量

column

梅豆腐ディップ

◉つくり方

①豆腐を水切りしておく。
②豆腐を潰しながら、すべての材料を混ぜる。

材料 … 木綿豆腐　1/3丁／ねり梅　20ｇ（おにぎり梅２～３㎝分）／マヨネーズ　大さじ１＋1/2／アボカド　1/2個／生クリーム　大さじ２／砂糖　小さじ1/3／パセリみじん切り　少々

つくり方のヒント … フードプロセッサーを使って、一気に混ぜると簡単につくれます。

喉越しつるんとさわやか

梅ゼリー

喉越しつるん。さわやかな味わいの梅ゼリーは、夏場の子どもたちのおやつやお茶請けにぴったり。不意のお客様がいらしたときに冷やしてお出しすると、「生き返った」と喜ばれるゼリーです。

梅シロップ（18頁参照）にゼラチンを加えて冷やし固めるだけなので、つくり方は簡単。プリンやゼリーの空き容器に入れて、冷蔵庫に入れておけば、いつでも取り出して味わうことができます。

◉つくり方

❶ゼラチンを80℃以上のお湯でふやかす。
❷梅シロップの原液を水で薄めて熱し、①のゼラチンを加えて溶かす。
❸②を型に流し入れ、冷蔵庫で3時間冷やす。
❹ゼリーが固まったら、スプーンですくい、冷やしたグラスに盛りつける。
❺梅シロップのエキスが出た梅の実を刻み、ゼリーの上に飾ればできあがり。

●材料

ゼラチン……50ｇ
梅シロップ……100cc
水……シロップの２～３倍以上
（甘さは好みで調節）
梅シロップを絞った梅

第4章

梅に生き
梅に生かされて

南高の収穫果（6月下旬）

越生梅林の里へ、ようこそ！

私は23年前の1993年（平成5年）、埼玉県の越生町に嫁いできました。越生町には、関東三大梅林のひとつに数えられる越生梅林があり、嫁ぎ先は代々梅と米を栽培する農家でした。

●越生の梅の歴史

越生の梅の起源は古く、14世紀の半ば、太宰府に流された菅原道真の霊を、地元の梅園神社に分祀したのが始まりといわれています。もう630年以上も前のことです。

収穫シーズンになると、農園入口に「おごせの梅」を知らせるのぼりなどが……（6月上旬）

江戸中期の天明年間の古文書には、かつての小杉村や津久根村から、江戸にまで梅を出荷していた記録が残されています。

明治になると観光地としても注目されるようになり、多くの観梅客が訪れる名勝地に。そして今では関東三大梅林のひとつに数えられ、2月下旬から3月下旬にかけておこなわれる越生梅林の「梅まつり」は、たくさんの観光客で賑わいをみせています。

昔から梅の栽培は、越生梅林を中心とした津久根、小杉地区でおこなわれてきましたが、1933年（昭和8年）ごろから私の住む上野地区でもおこなわれるようになりました。

1945年（昭和20年）、梅の栽培面積は5haほどでしたが、1950年代後半に入り、梅の食品としての価値が見直され、着々と面積を拡大。1993年の52haをピークに、その後、徐々に減少。高齢化も進んでいるため、町全体の栽培面積は40haほどになっています。

主な栽培品種は、特産の越生べに梅、白加賀、南高、十郎、甲州小梅など。大部分が梅酒や梅干しの加工用として出荷されています。

●私の農業を楽しく、私らしく

幼稚園の教員をしていた私が、越生の梅農家で、80年前から栽培を手がけ

農具などの収納庫に、車輪と一枚板の看板を掲げている

ている、山口家に嫁いだのは、ちょうど越生の梅の生産量がピークに達した年でした。

実家は車で20分ほどの鶴ヶ島市。両親は調理師だったので、農業の経験はなく「農作業は手伝わなくていいよ」といわれて嫁いだものの、いつの間にか作業を手伝うようになっていました。

結婚してすぐ義母が亡くなり、12年前に義父が脳出血で倒れました。夫は公務員なので、仕事を辞めるわけにはいきません。梅の樹と農業を受け継ぐのは私しかいない。私がこの家の農業を引き継ぐことを宣言したのです。

「せっかく農業をやるなら、とことん私らしい農業を追究し、楽しくやっていこう!」

そう決意しました。

●梅農家は大忙し

わが家の栽培面積は梅80a、水田60a、畑30a。梅の樹は300本ほどありますが、5月に始まる梅の収穫は田植えと時期が重なるのでもう大変!

義父の時代は農協出荷一本に絞っていましたが、私が経営を任されるようになってから、積極的に直売するようになりました。

梅の収穫が始まると、農園に直接買いに来るお客様がいて、梅の注文の電話もひっきりなしにかかってくるので、もうてんてこまいです。

5月から作業に追われて、休む間もありません。1年の中で休めるのは、梅を漬けこんで土用干しするのを待っている7月の3週間弱だけです。

梅の収穫には7人のパートを雇い、約125tの梅を収穫。そのうち3tは梅干しやねり梅などに加工していますが、「今年は4t、いや5tは漬けるぞー」と張り切っています。

南高などが収穫期を迎える

手製の収穫袋

梅と梅干しをお客様に届けたい！

●「ほんとうの梅干し」にびっくり！

かくいう私も、梅農家へ嫁ぐまで、自分で梅を漬けたことはありませんでした。嫁いだばかりのころは、右も左もわからず、「手伝って」といわれて、6月になると梅の実をもいだり拾ったり、袋詰めしたりしていたものです。梅干しの漬け方は義父から教わって、漬ける、干す、しまう……ひたすら見様見真似で覚えていきました。

来園者にはジッパー付きのポリ袋による梅干しづくりを教えているが、作業場には梅を漬けこんだいくつもの大樽がいまも健在

義父に代わり、私が梅の直売を始めてから、直接農園に足を運んでくださる方がだんだん増えてきました。

すると、「ほんとうは、自分で梅干しを漬けてみたいんだけど、わからないのよね」とか、「梅干しをカビさせると、その家に病人が出るっていうから、怖くて漬けられないの」という人が、意外に大勢いることがわかってきたのです。そういえば、この家に嫁ぐ前の自分もそうでした。

振り返ってみれば、私が最初に食べた梅干しは、スーパーで売っている「かつお梅」。アミノ酸で味つけされていて、いつも冷蔵庫に入っていました。梅酒も家で漬けたことはなく、お店にお酒を飲みに行けば、出てくるものだと思っていました。そんな私がこの家に来て、義父に、

「これがほんとうの梅干しだよ」

といわれたときは、びっくりしました。まずそのすっぱさにびっくり。冷蔵庫に入れなくてもいいことにびっくり。そしてほんとうにおいしいお米と梅干しがあれば、それだけでごはん一膳食べられてしまうことにまたびっくり。驚きの連続でした。

ほんとうにおいしい梅干しがあれば、おかずはいらないくらいなのです。お米もわが家は農薬を使用しない栽培で天日干ししています。これらをいただくのは、贅沢のきわみともいえます。

お客様に、梅干しを漬けるのはけっしてむずかしくないことを伝えたい。塩だけで漬けた、梅本来の味のわかる梅干しのおいしさを知ってほしい。そう考えるようになったのです。

●恐る恐る直売開始

義父の時代、梅の出荷は農協を経由しての市場出荷のみ。小売り販売は手

間がかかるので、「直接売ってほしい」という人がいても、いっさい断っていました。加工品も梅干しのみ。頼まれて地元の第三セクターや近所の人に販売するぐらいだったのです。

私は常々「直接お客様に小売りしたほうがいいのに」と思っていたので、恐る恐る梅園の前に、「梅販売しています」と看板を出してみました。

すると、ひと月に数組のお客様が来るようになったのです。販売するのは、カリカリ漬け用の小梅、梅酒・梅ジュース用の青梅、梅干し用の黄梅三種類。しだいにお客様の数も増えていきました。

「お客様には収穫したばかりの梅を１kg単位で計量し、直売します」と、山口さん

中には「漬け方がわからない」という方もいらっしゃるので、購入した梅の重量に対して必要な分量の塩を、こちらできっちり計って、セットで販売するようにもなりました。これなら塩分濃度が低すぎてかびてしまったり、高すぎて塩辛い梅干しになる心配はありません。

●電話などでもアドバイス

おかげさまで梅と塩のセット販売は大好評。漬け方を書いたレシピもいっしょにお渡ししているので、まず間違えることはありません。

地元の越生の梅の販売用のビニール袋（通気性がある）

万が一、表面にカビが浮いてきても「どうすればいいのかわからない」と電話がかかってきたりもします。「病人が出るというけど、だいじょうぶ？」という人も。そんなときは、お電話で状況を聞いて、なんとかカビていない梅を救えるよう、電話でアドバイスしています。

さらに、梅の樹から自分でもいだ梅の実を自分で漬ける、収穫体験や加工体験もスタート。みなさんには、「梅干しを漬けられるってことは、女子力アップですよ」とお話ししています。もちろん梅男子もすばらしいですが、梅仕事の好きな梅系女子は、まさに日本の女性という感じで、すてきだと思います。

こうしてお客様の声に背中を押されて、だんだん「私らしい」農業の世界が広がっていったのです。

梅園から生まれる梅の新製品

●創意工夫の加工品にも挑戦！

こうして「私らしい農業」は、一歩ずつ歩き出しました。梅の実や梅干しの販売に続いて始めたのは、梅干しを使った加工品の開発と販売です。

大量に梅干しを漬けていると、どうしても樽の底で、潰れてしまったり、皮が破れて販売できない梅干しができてしまいます。これはもったいない。

梅ジャムについても梅みそなどとともに加工品として当初から開発

その一方で、おにぎりに梅干しを入れるときや、料理に梅肉を使いたいときは、種を抜いたり、包丁で梅肉をたたくのが面倒だったりします。私も日々忙しくしているので、家庭の主婦の気持ちはよくわかります。家族にできるだけおいしいものを食べさせたい。でも、時間がないからできるだけ手間は省きたい。

だったら潰れた梅から種を抜いて、最初からペースト状にしてしまおう。そんな発想から生まれたのが「おにぎり梅」でした。

それから、梅肉とみそ、豆板醤やニンニク、ショウガなどを混ぜてつくる「万能梅みそ」も登場。どうしてもニンジンを食べない子どもたちに「これをつけたらおいしいよ」と、つくったのが始まりでした。肉料理との相性がよく、焼き鳥や豚肉に塗って焼くと絶品になります。そして「梅ジャム」。この3品が登場しました。

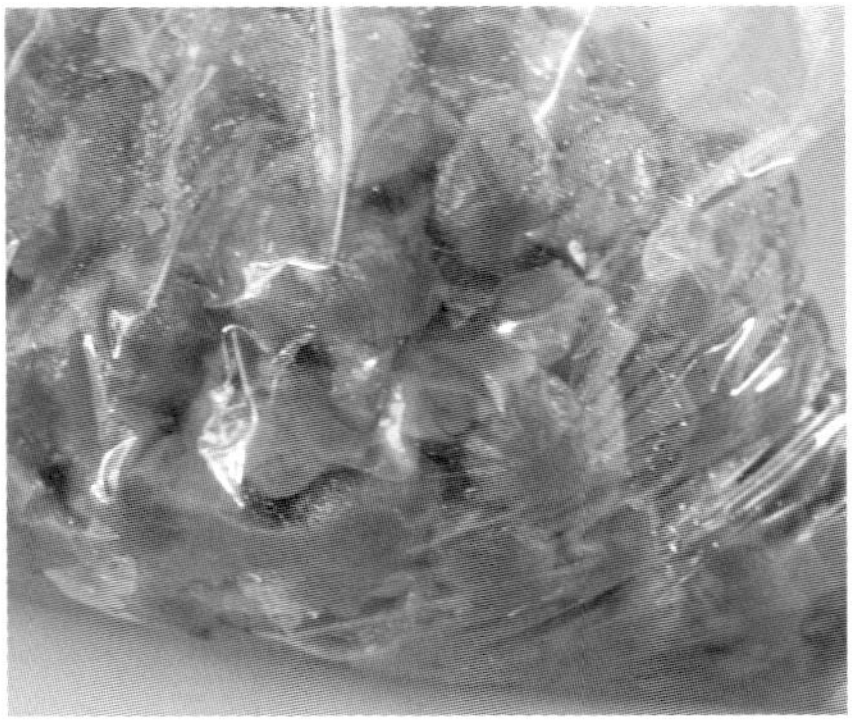

潰れた梅干しであってもフル活用。果肉を梅肉ペーストにしたり、種をスープに生かしたりする

●パッケージを変えるだけで

はじめはよくある農産加工品のように、瓶詰めにして販売していたのです。でも、お客様の反応は……

「これって使いにくいのよね」

そんな声が多く、売れ行きもいまイチだったのです。あるとき新宿の物産展で販売していたら、隣で長野県の宮田村の「食ごころ」さんが、フルーツ

市販用に製品化した万能梅みそ

白梅干しをハウスに入れて天日干しに

梅みそは用途が広く、あると重宝する

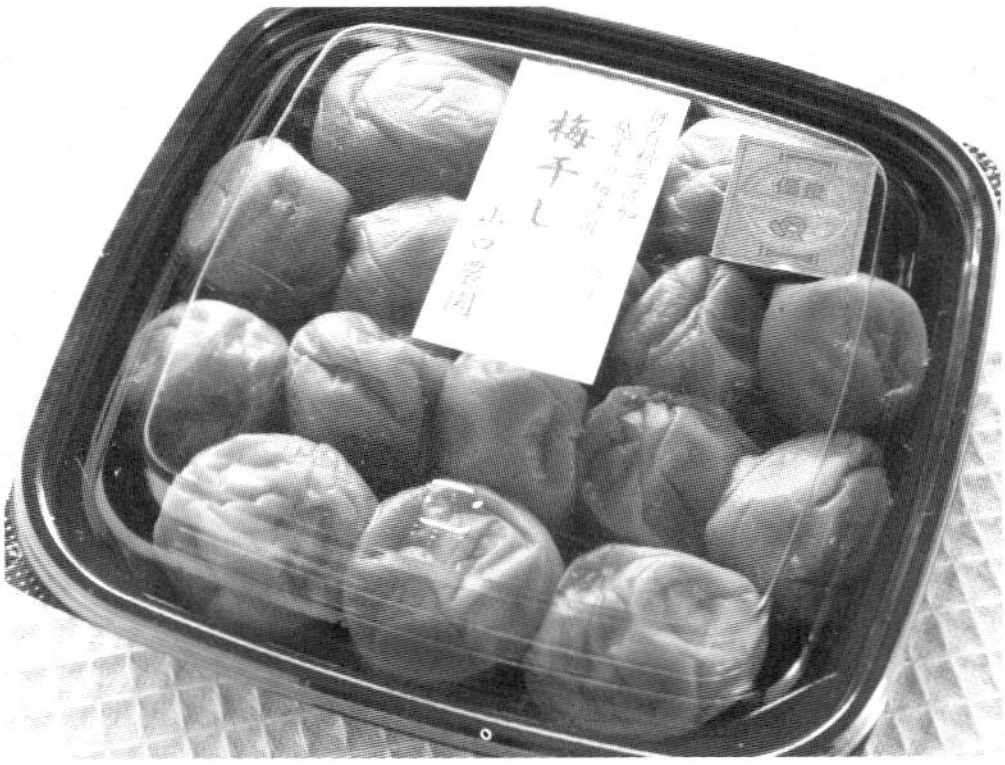

白梅干しをパックに入れて販売

ソースを売っていました。見たことのないパッケージです。

「それは、なんですか？」

「スパウトパウチ。使いたい分だけ絞り出せばいいし、最後まで使いきれるから便利なのよ」

「うちにもそれ、使わせてください！」

「いいわよ」

ということで、なんと最初は長野からのルートで容器を仕入れることになりました。

　同じ商品でも、パウチパックに入れると、スプーンを使わずに、必要な分だけ絞り出せて、最後まで残さず使いきることができます。使い終わったら、容器もくるくる丸めてポイと捨てるだけ。たしかに同じ商品でも、このほうがずっと楽で使いやすいのです。

　料理教室で「万能梅みそ（梅みそペースト）」や「おにぎり梅（ねり梅）」を使うときも、

「パウチから約1㎝絞り出してください」

とか、説明も簡単。こうしてパッケージを変えたことで、商品の売れ行きはどんどん伸びていきました。

●「梅ひとしずく」とは？

もうひとつ山口農園になくてはならない商品があります。それは「梅ひとしずく」といいます。梅干しでもなく、梅酒でもなく、小さな小瓶に入った、液体です。まるで香水のようでもあります。その正体はなんでしょう？

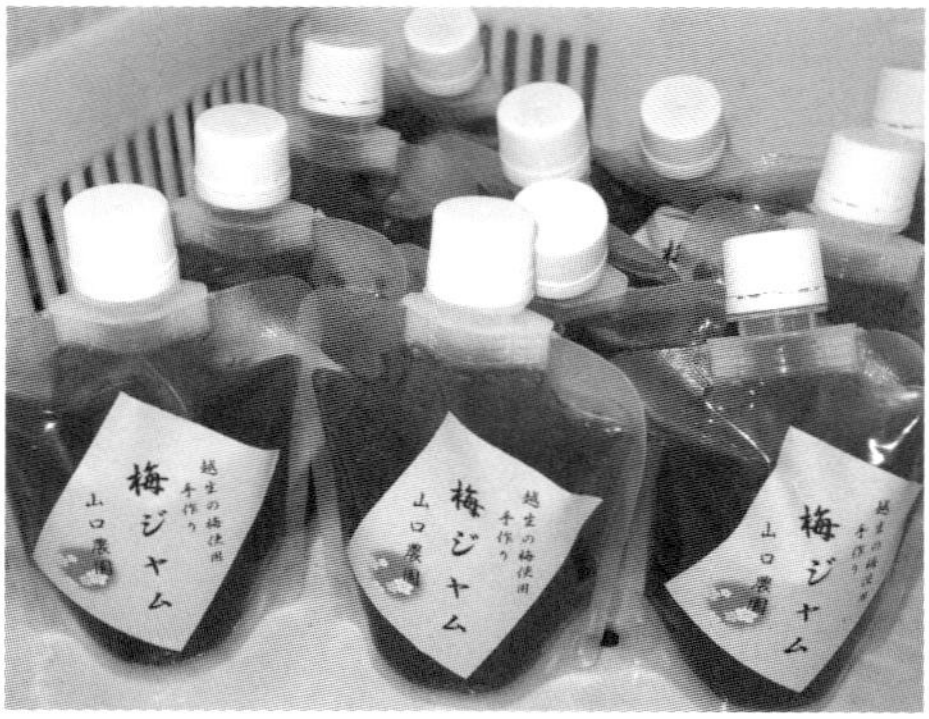

パウチパック入りの梅ジャムは「使い勝手がいい」と好評

毎年大きな樽に、60kgもの梅を塩漬けにします。すると梅のエキスを吸った水分があがってくる。これが「梅酢」。おたまですくって保存して、おすしのごはんや調味料の代わりに使ったりします。

梅のエキスである梅酢をおたまですくい、調味料代わりに使う

梅のひとしずくは、まさに梅干しのエッセンス

土用干しも終わって、しっかり樽に詰めて貯蔵していると、また上のほうに透明な液体があがってくるのです。ここには梅のエキスがギューッと詰まっている。つまり「梅干しのエッセンス」なのです。これを瓶に詰めて商品化したのが「梅ひとしずく」。

サラダやアイスクリーム、お料理に、ほんの数滴たらすだけで、梅の香りがほわーっと漂います。これをパレスホテル大宮の毛塚智之料理長に使っていただいたところ、大好評。

「梅干しは酸っぱくて食べられない」という海外のお客様でも、これならだいじょうぶ。梅の香りや存在感を演出したり、隠し味に使ったり。料理のプロのみなさんが、「日本」を表現するさい、創作意欲をそそる一品なのです。

一年じゅう梅の魅力を楽しむ

●摘果や収穫体験が人気

花や実の時期だけでなく、一年を通じて梅の魅力を知っていただきたい。そう考えて、農業体験教室を開いています。

花の時期が終わって、梅の実がふくらみ始めたら、摘果作業体験。農家の私たちにとってはしんどい作業ですが、消費者の方々は、楽しそうに参加してくださいます。実を間引いた樹に名前を書いていただいて、その樹の写真を撮って送ったり、収穫の時期になるとご連絡して、また収穫体験を楽しんでいただいています。

梅の収穫体験にフランス人も参加（6月上旬）

梅の実を収穫したら、その場で梅ジュースづくりや梅酒づくりを体験。飲み方やアレンジの仕方も伝えます。中にはわざわざ横浜からお見えになった子ども会のみなさんもいました。

●ビニールハウスで花ずしを

夏場の繁忙期、私は忙しくて教室を開けません。そこで毎年、東京重ね煮クラブの細貝保江さんを講師にお招きして、「酵素ジュース教室」を開いています。細貝さんは、私の収穫体験第1号のお客様。「山口農園をなんとか応援したい」と、開いてくださる酵素ジュースの教室は、毎年満員御礼となっています。

実のない時期に梅にふれていただくには、どうすればいいだろう？　と考えたのが「花ずし」の料理教室でした。

寒い時期には、梅干しを干すビニールハウスが会場です。通称「へそくりハウス」。私のへそくりと補助金を生かして建てたので、そう呼んでいます。寒梅の時期、お花見もしながら花ずしをつくります。

天日干しや料理講習の会場にもなるビニールハウス

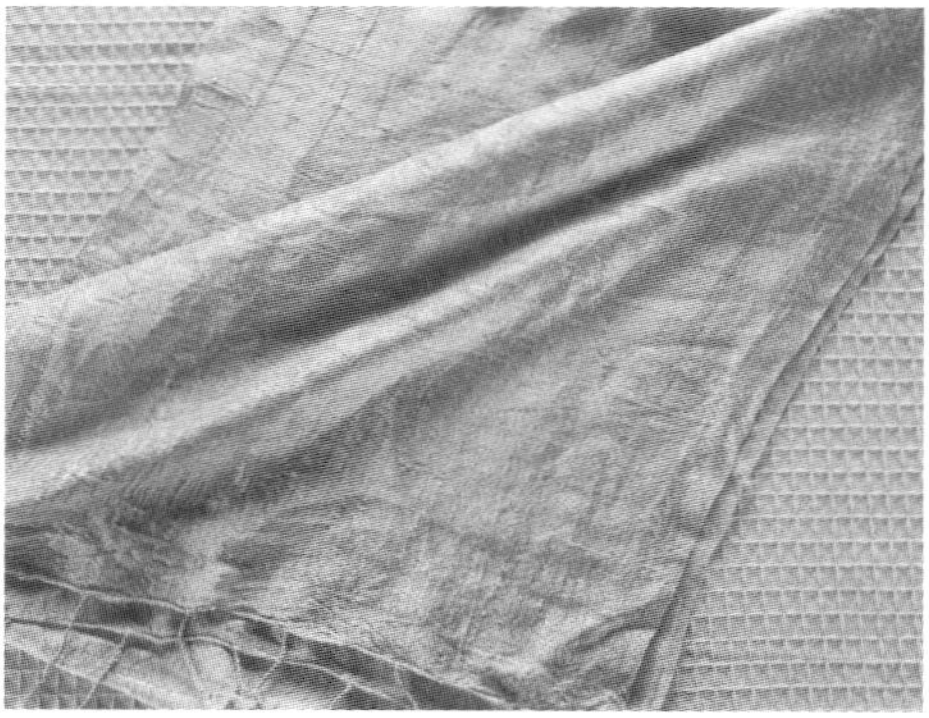

シルクの梅染め。樹種や樹齢によって色合いが変わってくる

切り口に花が咲く花ずし。料理講習で人気の定番メニュー

わが家のお米と、自家製のたくあんとホウレンソウ。ゆかり、ねり梅、梅酢などを組み合わせてつくると、切っても切っても梅の花が出てくる花ずしができます。

これは外国人の方にも大好評。梅干しが苦手なフランスの方も、ちょっと食べ方を工夫するだけで、「セボン、セボン」と喜んでいました。

●冬場は梅染めを楽しむ

冬になると、梅の樹の剪定が始まります。この剪定枝で楽しめるのが、「梅の染色」。本当に梅は、花も実も枝も使えて、一年じゅう楽しめる、捨てるところのない樹なのです。

冬場に開く染色教室は、出張して開くことが多いです。枝を短く切っておいて、新聞紙に包んで、会場に集まった人たちに、トンカチでたたいてもらうところからスタートします。

あらかじめ選定枝を2時間ぐらい煮出して原液をつくっておいて、トンカチで砕いた枝を、家庭用の生ゴミを入れるネットに入れて、鍋に入れて火にかけて、カセットコンロで煮ます。そうすると色素が出てきて布を染めることができるのです。

染めるのはシルク。煮出した液体に触媒としてミョウバンを使います。家庭の主婦でもできるように、染色液を家庭排水でも流せるようにしています。

梅の染液や媒染液は、家庭用排水に流せます。染まる色は使う樹の種類や樹齢によって変わるから不思議。徒長枝はオレンジ、紅梅《こうばい》はピンク、古木は薄い茶色に染まります。

家の庭に梅の樹のある人は、その剪定枝を使って、なければある方に譲っていただいて染めてもいいと思います。梅ならではの色合いを楽しんでください。

「越生の梅を残したい」との一念で

●このままでは越生の梅は！

かつて越生の梅は「青いダイヤ」と呼ばれていて、義父が始めたころはキロ１５００円で取引されていました。ところが今は、単価もどんどん安くなって、肥料代は高くなっている。どこの梅農家も毎年採算を合わせるのに、苦労しています。

義父が病に倒れてから、代わりに私が農協（ＪＡいるま野）の梅部会の会合に出るようになって、だんだんわかってきたことがあります。まわりは全部年配の方々で、40代の私が最年少。

入ったころは１２０人だった会員も今は１０１人。おそらく10年後には半分に減っているでしょう。儲からなければ、若い人がやりたがらないのは無理もありません。

出荷台で選別する青梅（白加賀）

「みんな、こんなにいい梅つくっているのに、こんなに単価が安くて、納得しているの？　剪定も加工もすばらしい技術をもっているのだから、越生の梅の魅力を、もっと発信していかなくては！」

その後、農業の６次産業化（農業を成長産業にする牽引役とし、一次×二次×三次＝六次産業としている）の勉強会がありました。そこで私が、

「もっと単価をあげましょう。越生べに梅をブランド化しましょう。梅の産地として越生からもっと発信していきましょう！」と提案しました。

「なんとかしたい気持ち」で、会議の席で涙を流して泣き出してしまったことも、何度もありました。

「このままだと後継者がいなくなって、越生がなくなってしまう。先祖代々受け継いできた梅が、ほんとうになくなってしまっていいの？」

会議のたび、泣きながら訴えていた私に、６次化のアドバイザーの方が、一枚のチラシを手渡してくれました。

「山口さん、ここに参加してみたらどうでしょう？」

●ひめこらぼの仲間たち

それは全国の農業女性が集う「ひめこらぼ」の講演会のお知らせでした。

越生の梅が大好き。なんとしても残したい。それなのに地元には相談相手も仲間もいない。そんな私にとって、「ひめこらぼ」の仲間たちとの出会い

南高の本場・和歌山では６月中旬、出荷のピークを迎える

は、それまで閉ざされていた世界が、パーッと広がっていくような出来事でした。

島根、北海道、千葉、埼玉……全国には、元気な農業女性がたくさんいて、お嫁さんであっても、みんなわが道を突き進んでいるのです。私が悩みを打ち明けると、

「いいんだよ。そんなの自分がやりたいなら、やっちゃいなさいよ！　ところで、どんなにふうに発信しているの？　名刺もっているの？」

「ありません」

「まず名刺をつくりなさい」

「ホームページは？」

「ありません。ネットは苦手なんです」

「では、ブログを始めなさい。フェイスブックも、始めるといいよ」

名刺は自己発信の第一歩。パソコンが苦手な私の代わりに、夫がつくってくれました。お金がなくても始められるブログやフェイスブックは、情報発信に欠かせない大切なツールになっています。

●梅サミットを開きたい

全国の農業女性の仲間たちと知り合って、会合から帰ってくると、

「会議のたびに泣いていた自分は、なんて小さかったんだろう」

と思いました。ずっと私は小さい井の中の蛙《かわず》だったんだな。だけど一歩外に出てみたら、海はとっても広かったのです。一歩外に踏み出して、いろいろな人たちとつながることで、元気になれただけでなく、仕事にも広がりが生まれていきました。

もっと広い世界が見たい。日本一の梅産地和歌山県の女性たちはどうしているんだろう？　そんな思いから現地へ。和歌山県田辺《たなべ》市で商品開発や地域づくりに奮闘している「龍神は〜と」の原さだこさん、みなべ町ふたば農園の二葉美智子さんは、独自のブランドを確立して、都市の住民をたくさん呼び寄せていました。みんな梅の魅力を伝えたい、産地を未来に残したい。その思いはいっしょです。

彼女たちと熱く語り合い、それぞれの状況を語るうちに、全国の「梅系女子」が一堂に会する場所が必要だと強く思うようになりました。

和歌山から越生へ向かう帰り道、熱い思いがふつふつとこみ上げてきて、

「女性の梅生産者が、全国から集まる梅サミットを越生で開きたいんです！」と、農林水産省に2014年の8月に電話をかけ、梅系女子集結の地ならしを始めたのです。

梅系女子が集結！ 梅の魅力を発信

●全国から梅系女子が集結！

2014年の夏、車で和歌山へ行き、地元の生産者の話を聞けば聞くほど、「これは梅の女性生産者同士でつながらなければ！」という思いが高まったのです。

越生町の「カタクリの会」、女性農業者の「ばば乙女の会」……他にもJAいるま野、越生町商工会、商店の方々などの応援と協力を得て、2016年3月5～6日の2日間、「全国ウメ生産者女性サミット2016 inおごせ」を開催することができました。関わってくださったみなさんに、本当に感謝です。

梅の栽培、利用加工、流通販売などについて情報交換

基調講演は商品開発や地域ブランドづくりのプロで、ご自身が手がけた「tomato-ume」が、「魅力ある日本のおみやげコンテスト」でグランプリに輝いた、㈱玄の政所《まんどころ》利子さんのお話。「女性の情報発信力は、男性の50倍」というお話が、印象的でした。

続いてパネルディスカッション。群馬県榛東《しんとう》村の岩田紀子さんは、築100年を超える古民家で「はるな山麓農café」を運営。梅もぎ、梅干しづくり、梅の酵素ジュースづくりを実施。毎年6月の最終日曜日には、「農Café梅まつり」を開催。人がつながり、その営みが循環する拠点として、古民家を生かしてがんばっておられます。

●梅酒の需要は高まっている！

続いてお話しされたのは、チョーヤ梅酒㈱の櫻本瑞枝さん。社員140名の会社で、160か国以上に梅酒を輸出しています。和歌山県の生産者と協力して、有機JAS認証を受けた梅酒の製造、販売を実現。酸味料など食品添加物を使わない「本格梅酒」を製造しています。

櫻本さんによれば、2011年の日本の梅酒生産量は3万9000kℓで、10年前の約2倍。しかし原料に使われた青梅は6300tで、約8％にとどまっている。健康ブームの高まりで、梅酒ブームではあるけれど、青梅の需要拡大に直結していない。「農家さんとともに歩んできたチョーヤとしても、本格梅酒の需要を喚起していきたい」と話していました。

●ウメ輪紋ウイルスの被害で……

続いて和歌山県田辺市の龍神は～と

好評裡の梅女性サミット。梅の魅力を発信

代表の原さださん。6人の女性が始めたグループで、龍神村でつくられる商品だけを販売。梅、ユズ、シイタケ、サトイモ、クロモジ……あらゆる産品を活用して、すばらしいデザインの商品を次々と打ち出してきました。

「地元の人がまじめにつくっているのに、なぜ売れないのだろう？　何度も悩んだけれど、他の産地の人もがんばっている。外へ出て情報交換するのが大事」というお話が印象的でした。

そして東京都青梅市しらうめ会の原島富代さん。青梅も歴史ある梅の産地ですが、残念なことにウメ輪紋ウイルス（PPV）の被害を受け、市内の梅の樹3万5000本を伐採。原島さんご自身の梅の樹もすべて伐採、抜根されたそうです。同じ梅農家として、ほんとうに心の痛むお話です。

それでも青梅市のみなさんは、生産者、行政、観光や商業事業者が一丸となって、梅林の再生に向けて奮闘中。

「平成28年中に植栽できるよう、協力していきたいと思います」

との原島さんの言葉に、会場から「がんばってください！」という声援と、大きな拍手が沸き起こっていました。

●今こそ梅の魅力を世界へ

和歌山県みなべ町のふたば農園、二葉美智子さん。急傾斜地にネットを張り、落下した完熟梅を梅干しにしています。

「これが私の自慢。5Lサイズの梅干しです」

と見せていただいたスライドには、手のひらいっぱいに広がるビッグな梅と、それを漬けこんだ特大の梅干しが映し出されていました。

そんな彼女の農園のある地域は、2015年12月「みなべ・田辺の梅システム」として世界農業遺産に認定されています。

彼女は「地元の梅のよさを伝えたい」と、「奥みなべ梅林」を農家が案内する取り組みをおこなっています。収穫体験や農家ランチ、古木を使った梅染めの体験者は1000人を超えるそうです。

このように全国から「梅系女子」が集い、梅を語ったサミットは、大盛況のうちに幕を閉じました。次回は和歌山県みなべ町での開催が決まりました。

ある方に、農業を変えるのは「よそ者、若者、ばか者」だといわれました。今、馬鹿者（私）が考えているのは、「世界への発信」です。全国の梅生産者、サミットの関係者のみなさんとともに、世界をめざしたい。そう考えています。

女子大生とのコラボで梅消費拡大

梅といえば、真っ先に浮かぶのが梅干し。栄養的にも優れた食品なのに、若者たちの梅干し離れが進んでいます。現代人の食生活にマッチした梅料理を考えよう。

栄養士の卵の女子大生たちが、うちの農園に通って、まず梅の摘果や収穫などの作業を体験。梅仕事を手伝いながら梅レシピを考案したり、加工品開発を手がけたりしながら梅の消費拡大をはかり、地域活性化をめざそうとするものです。

コラボレーションで、ねり梅や梅肉を生かして試作したレシピは多数。その中からフレッシュなアイデアいっぱいの主食、主菜、副菜の3品を披露しましょう。

広大な梅園の中にビニールハウス、母屋、作業小屋などがたたずむ

収穫した梅でレシピを考案、試作

ねり梅（商品名おにぎり梅）は、レシピ試作のさいの欠かせない助っ人

●女子大生の梅レシピ

こうして徐々に、越生の梅について、外に向けて発信するようになった私に、うれしい出会いがありました。越生町の隣、坂戸市にある女子栄養大学とご縁があり、栄養学部長の磯田厚子教授の指導のもと学生たちといっしょに、梅について考えるチャンスをいただいたのです。

・梅アボカドとポキのサラダごはん

「ポキ」とは、ハワイ語で魚の切り身を意味しているそうです。

マグロとアボカドを1㎝角にカット。ねり梅10gと、玉ネギのみじん切り、ゴマ油、しょうゆ、刻みショウガ、万能ネギとあえ、丼に盛りつけたごはんにのせます。

その中央に、温泉卵を割り入れ、ブロッコリースプラウトを飾り、黒コショウで味つけすればできあがり。

全体を混ぜ合わせて食べる、南国風の料理です。

南国風の梅アボカドとポキのサラダごはん

卵の衣にねり梅をプラス。さっぱりした味わいのサワラ焼き梅風味

・サワラ焼き梅風味

オーブンで焼いたサワラの上に、やわらかな卵の衣をたっぷりとのせて、菜の花に見立てた春らしいレシピ。卵の中に、ねり梅を加えることで、さっぱりとした味わいになります。

・白菜と豚肉の梅重ね煮

白菜の上に豚肉、そして梅肉にみりんとしょうゆで味つけした梅ソース。これを繰り返してミルフィーユ状に重ねたものを、食べやすい大きさにカットして、鍋に並べます。

その鍋に水、酒、麺つゆを入れ、ふたをして10分ほど煮込めばできあがり。梅のさっぱりした風味が利いて、食欲がそそられます。

梅ソースによる白菜と豚肉の梅重ね煮

●梅スイーツも開発

女子栄養大学の学生たちは、私の農園で梅の摘果から収穫、販売、商品開発を一年のサイクルで体験学習したのです。

学習の一環として梅の消費拡大をはかるため、梅を生かしたスイーツづくりにも挑戦しました。これはパレスホテル大宮の伊東シェフパティシエとのコラボレーションで、「越生梅スイーツ」も開発しました。これは山口農園の梅干し、干し梅、梅のしずく、梅シロップなどを使ったスイーツで、２０１６年２月香港へも輸出しました。「梅系女子」のチャレンジは、まだまだ続きます！

梅の主要品種と栽培カレンダー

表　主要品種・地方品種の特性

品種名	主な栽培地	樹姿	樹勢	花色	花粉量	開花	果実の大きさ
甲州最小	全国	直	中	白	多	やや早	極小
梅郷《ばいごう》	関東	開	中	白	多	やや早	中
白加賀《しろかが》	関東	開	強	白	少	中	中の大
南高《なんこう》	全国	開	中	白	多	やや早	中
玉英《ぎょくえい》	関東	開	強	白	少	中	中の大
鶯宿《おうしゅく》	徳島	やや直	強	淡紅	多	やや早	中
豊後《ぶんご》	全国	やや直	強	淡紅	多	やや遅	大
竜峡《りゅうきょう》小梅《こうめ》	全国	直	中	白	多	やや早	極小
稲積《いなづみ》	北陸	やや直	中	白	多	中	中
玉梅《たまうめ》	全国	やや直	中	白（緑白）	多	やや早	中
月世界	関西（徳島）	開	やや強	淡紅	多	やや早	中
紅《べに》サシ	北陸（福井）	開	やや強	白	多	中	中
高田梅《たかたうめ》	東北（福島）	やや直	強	淡紅	多	やや遅	特大
林州《りんしゅう》	関西	やや直	やや強	淡紅	多	中	中
李梅《すももうめ》	関西（和歌山）	開	中	白	少	やや遅	中
露茜《つゆあかね》	全国	開	中	白	少	やや遅	中
養老	関東（群馬）	やや開	中	淡紅	多	中	中
織姫	関東（埼玉）	直	中	白	少	やや早	小
長束《なつか》	中部（愛知）	開	やや強	白	多	やや早	中
花香実《はなかみ》	全国	開	中	淡紅	多	中	中
剣先《けんさき》	北陸（福井）	開	やや強	白	多	中	中の大
藤五郎《とうごろう》	北陸（新潟）	直	やや強	淡紅	多	やや遅	中の大
杉田	関東（神奈川）	やや直	中	白	多	中	大
古城《こじろ》	関西（和歌山）	やや直	強	白	極小	中	中
太平《たいへい》	関東（群馬）	直	強	白	多	やや遅	大

注：①樹姿の直は直立性、開は開張性を示す
　　②出所『育てて楽しむウメ 栽培・利用加工』大坪孝之著（創森社）

●実梅の主要品種と特性

梅の種類は、全国で果実の品種のすぐれた実梅の場合１００、観賞を中心に選抜されてきた花梅の場合４００を超えるといわれています。

表に実梅の主要品種と地方品種、およびその特性を紹介していますが、全国的に名前を知られ、広い地域で栽培されているのは南高、豊後、甲州最小などごく一部。ほとんどはその土地の気候、風土に適した地方品種といってよいでしょう。

庭先果樹として梅を栽培するとき、多くは同一品種の花粉では実をつけにくい性質（自家不結実性）があることを考慮し、その品種だけでもよく結実する（自家結実）品種（豊後、稲積、竜峡小梅）を導入することが考えられます。

また、混植したとき、開花期がある程度いっしょでどちらもよく結実する品種を組み合わせる（例・南高と梅

（関東、関西の温暖地を基準）

出所『育てて楽しむウメ 栽培・利用加工』
大坪孝之著（創森社）

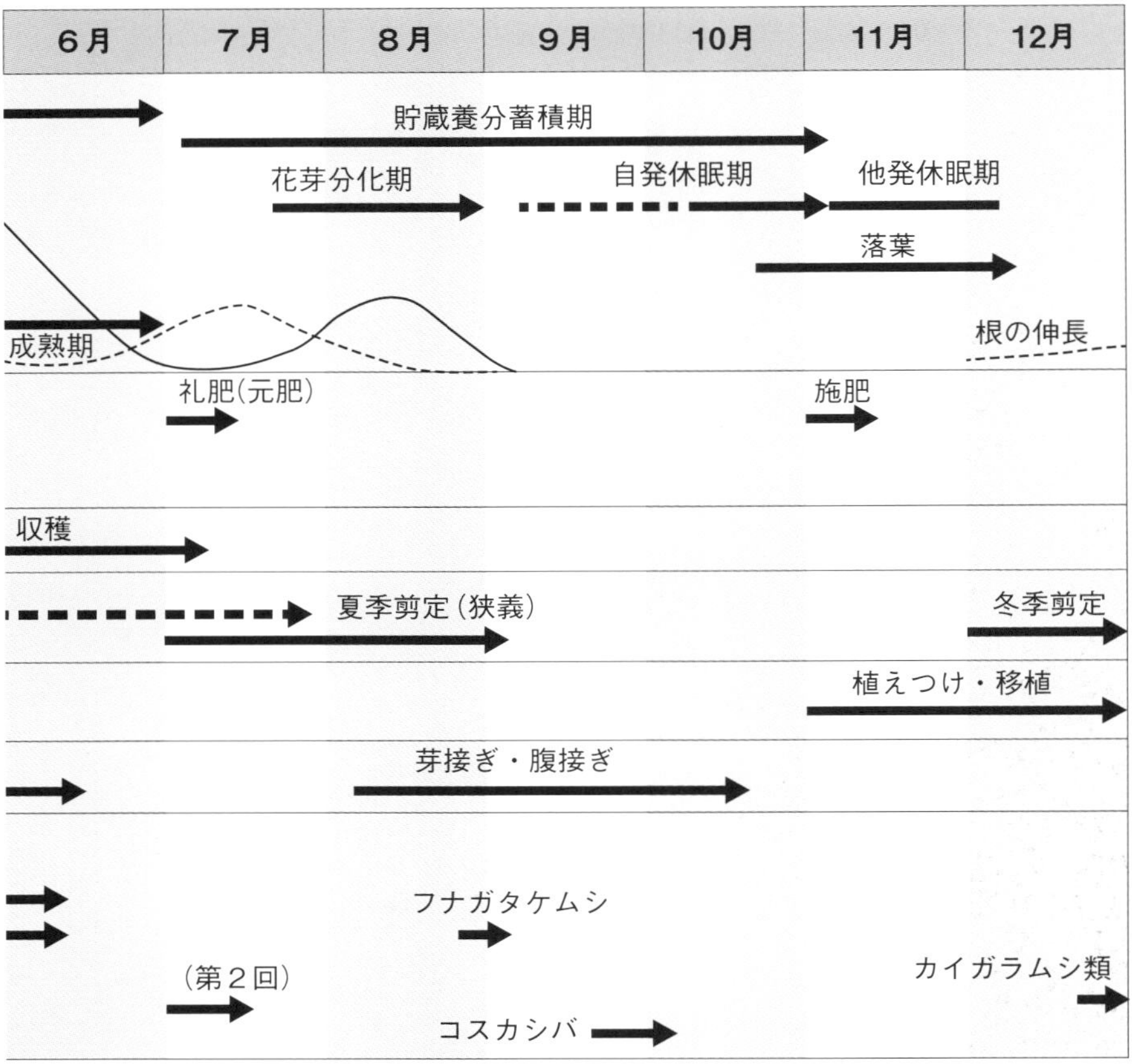

郷、南高と月世界など）ことも考えられます。

スペースがなく1本しか植えられない場合は、同一樹に花粉の多い他品種の枝を接ぎ木したり、人工授粉をおこなったりするのが確実な方法です。

●植えつけのポイント

昔から「松と梅は寒のうちに植える」といわれているとおり、梅は11月から2月にかけてが植えつけ適期です。また「寒の投げ植え」ともいわれるくらい、冬でもよく根が伸長するので、1年生苗木などはできるだけ早く、できれば年内に植えつけたいところです。

植え場所は風当たりの少ない場所、日当たりがよい（冬でも最低1日に3～4時間は日が当たる）場所、排水のよい場所が適しています、植えつけは深さ40㎝ほどの植え穴を掘り、苗木を穴の中央に置き、根を四方に広げて土をかけて埋め戻していきます。

図　庭・畑の梅の生育と作業カレンダー

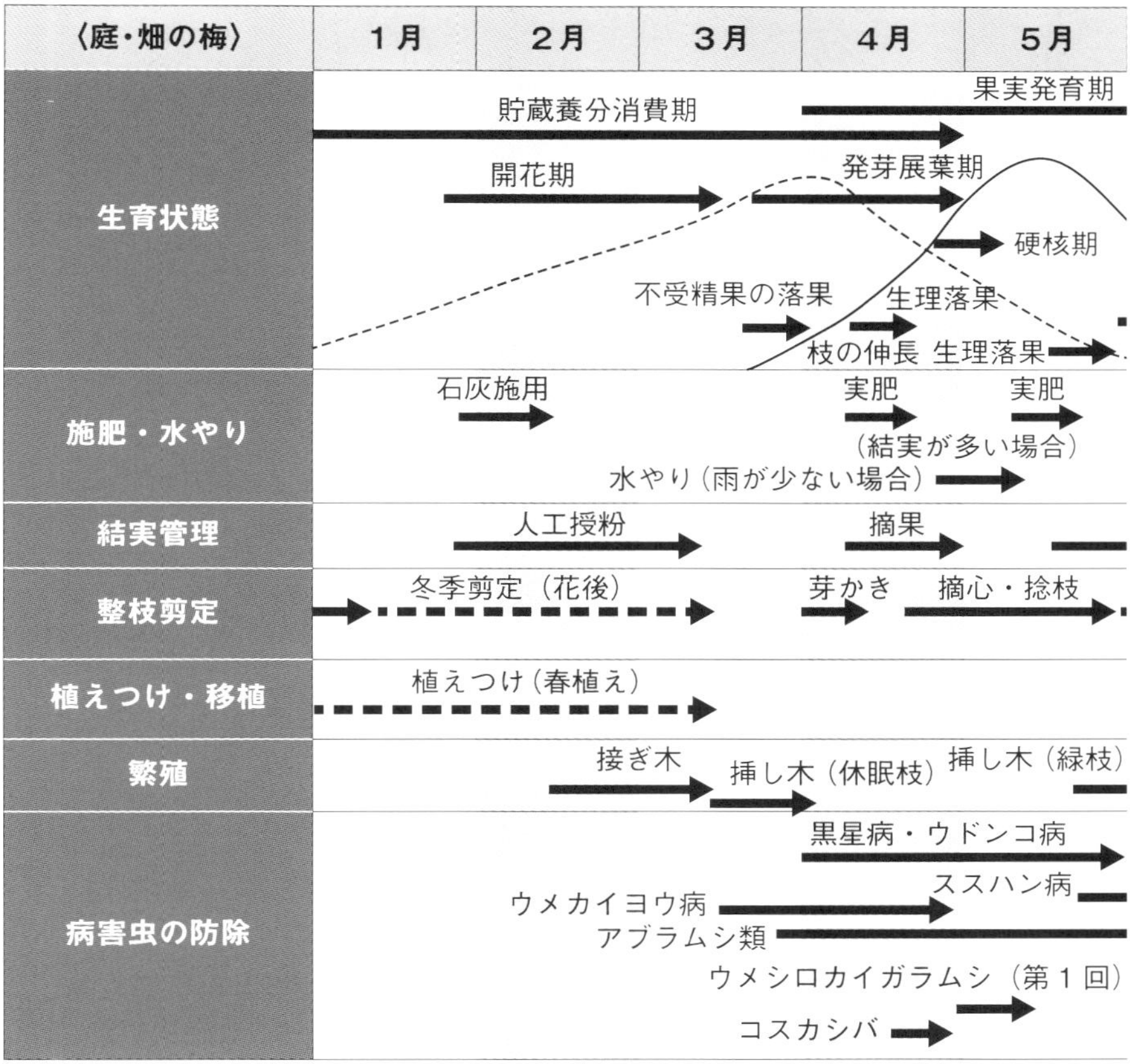

さらに中央に立てた支柱に苗木を固定。自然鎮圧による土のしまりを見越し、植えつけ部の土は20～30cmの高盛りにします。

●梅の生育と栽培カレンダー

梅の開花期は1～3月ですが、ほとんどは2月に開花します。開花、幼果の発育は、前年度の蓄積養分によっておこなわれます。

発芽は3月下旬～4月で、その後、展葉とともに新梢を伸ばします。果実は、発芽後40日ころから肥大。開花期から幼果のころに起きる早期の生理落果と、硬核期から成熟期に起こる後期の生理落果があります。

梅雨の時期は、文字どおり果実の成熟期。一般に小梅は5月下旬、普通梅は6月中～下旬に熟します。

梅は夏季から秋季にかけて養分蓄積期に入り、晩秋から落葉期、休眠期を経て春先からの開花期、発芽期を迎えます。

山口農園

約80aの梅園で甲州小梅、織姫、白加賀、鶯宿、越生べに梅、十郎、南高、露茜、翠香の9種類約300本を栽培。生梅出荷のほか、加工品の開発・製造・販売、観光農園、体験農園を手がけ、さらに梅を生かした加工・料理教室を開催して食べ方を提案。また、梅製品の販売拡大のため、デパート、スーパー、直売所などでワークショップを開いたり、オーストラリア、香港などへの輸出をスタートさせたりしている。

主な製品＝梅干し（白梅干し）、梅ジャム、万能梅みそ（梅みそペースト）、おにぎり梅（ねり梅）、梅ひとしずく（土用干し後の梅干しのエッセンス）

〒350-0417　埼玉県入間郡越生町上野東4-13-6
FAX　049-292-6358
http://yamaguchinouen.okoshi-yasu.com/

梅ジャムはさわやかな味わいが身上

●

デザイン――塩原陽子　ビレッジ・ハウス
撮影――宇井眞紀子
写真協力――三宅 岳　大坪孝之　ほか
取材協力――埼玉県川越農林振興センター
越生町役場　女子栄養大学
細貝保江（東京重ね煮クラブ）
新井智美　はにわきみこ　ほか
執筆協力――三好かやの
校正――吉田 仁

著者プロフィール

●山口由美（やまぐち ゆみ）

山口農園代表

1967年、大阪府生まれ。幼稚園勤務を経て、1993年、埼玉県越生町の梅農家３代目の山口博正さん（公務員）と結婚。義父から梅を中心とする営農の手ほどきを受け、2010年より現職。2012年より女性農林漁業者とつながる全国ネット（一般社団法人農山漁村女性・生活活動支援協会）、2013年より農業女子プロジェクト（農林水産省）に参画。また、さいたま農村女性アドバイザー、活力ある越生町の町づくり推進委員などを務める。

なお、「全国ウメ生産者女性サミット2016inおごせ」を開催。各地の女性梅農家との交流、情報交換の場をつくったり、料理教室を開催したりして、梅の魅力を内外に発信している。

超《ちょう》かんたん　梅酒《うめしゅ》・梅干《うめぼ》し・梅料理《うめりょうり》

2016年５月13日　第１刷発行

著　　者――山口由美《やまぐちゆみ》

発 行 者――相場博也

発 行 所――株式会社 創森社

〒162-0805 東京都新宿区矢来町96-4

TEL 03-5228-2270　FAX 03-5228-2410

http://www.soshinsha-pub.com

振替00160-7-770406

組　　版――有限会社 天龍社

印刷製本――中央精版印刷株式会社

 ISBN978-4-88340-307-3 C0077

“食・農・環境・社会一般”の本

創森社　〒162-0805 東京都新宿区矢来町96-4
TEL 03-5228-2270　FAX 03-5228-2410
http://www.soshinsha-pub.com
＊表示の本体価格に消費税が加わります

農的小日本主義の勧め
篠原 孝 著　四六判２８８頁１７４８円

ミミズと土と有機農業
中村好男 著　Ａ５判１２８頁１６００円

炭やき教本～簡単窯から本格窯まで～
恩方一村逸品研究所 編　Ａ５判１７６頁２０００円

エゴマ～つくり方・生かし方～
日本エゴマの会 編　Ａ５判１３２頁１６００円

炭焼紀行
三宅 岳 著　Ａ５判２２４頁２８００円

台所と農業をつなぐ
大野和興 編　山形県長井市・レインボープラン推進協議会 著　Ａ５判２７２頁１９０５円

一汁二菜
境野米子 著　Ａ５判１２８頁１４２９円

薪割り礼讃
深澤 光 著　Ａ５判２１６頁２３８１円

すぐにできるオイル缶炭やき術
溝口秀士 著　Ａ５判１１２頁１２３８円

病と闘う食事
境野米子 著　Ａ５判２２４頁１７１４円

ブルーベリー百科Q&A
ブルーベリー協会 編　Ａ５判２２８頁１９０５円

焚き火大全
吉長成恭・関根秀樹・中川重年 編　Ａ５判３５６頁２８００円

豆腐屋さんの豆腐料理
山本久仁佳・山本成子 著　Ａ５判９６頁１３００円

スプラウトレシピ～発芽を食べる育てる～
片岡芙佐子 著　Ａ５判９６頁１３００円

玄米食 完全マニュアル
境野米子 著　Ａ５判９６頁１３３３円

手づくり石窯BOOK
中川重年 編　Ａ５判１５２頁１５００円

豆屋さんの豆料理
長谷部美野子 著　Ａ５判１１２頁１３００円

雑穀つぶつぶスイート
木幡 恵 著　Ａ５判１１２頁１４００円

不耕起でよみがえる
岩澤信夫 著　Ａ５判２７６頁２２００円

薪のある暮らし方
深澤 光 著　Ａ５判２０８頁２２００円

菜の花エコ革命
藤井絢子・菜の花プロジェクトネットワーク 編著　四六判２７２頁１６００円

手づくりジャム・ジュース・デザート
井上節子 著　Ａ５判９６頁１３００円

虫見板で豊かな田んぼへ
宇根 豊 著　Ａ５判１８０頁１４００円

すぐにできるドラム缶炭やき術
杉浦銀治・広若剛士 監修　Ａ５判１３２頁１３００円

竹炭・竹酢液 つくり方生かし方
杉浦銀治ほか監修　Ａ５判２４４頁１８００円

竹垣デザイン実例集
古河 功 著　Ａ４変型判１６０頁３８００円

毎日おいしい 無発酵の雑穀パン
木幡 恵 著　Ａ５判１１２頁１４００円

自然農への道
川口由一 編著　Ａ５判２２８頁１９０５円

素肌にやさしい手づくり化粧品
境野米子 著　Ａ５判１２８頁１４００円

土の生きものと農業
中村好男 著　Ａ５判１０８頁１６００円

ブルーベリー全書～品種・栽培・利用加工～
日本ブルーベリー協会 編　Ａ５判４１６頁２８５７円

おいしい にんにく料理
佐野 房 著　Ａ５判９６頁１３００円

竹・笹のある庭～観賞と植栽～
柴田昌三 著　Ａ４変型判１６０頁３８００円

薪割り紀行
深澤 光 著　Ａ５判２０８頁２２００円

自然栽培ひとすじに
木村秋則 著　Ａ５判１６４頁１６００円

育てて楽しむ ブルーベリー12か月
玉田孝人・福田 俊 著　Ａ５判９６頁１３００円

炭・木竹酢液の用語事典
谷田貝光克 監修　木質炭化学会 編　Ａ５判３８４頁４０００円

園芸福祉入門
日本園芸福祉普及協会 編　Ａ５判２２８頁１５２４円

全記録 炭鉱
鎌田 慧 著　四六判３６８頁１８００円

割り箸が地域と地球を救う
佐藤敬一・鹿住貴之 著　Ａ５判９６頁１０００円

ほどほどに食っていける田舎暮らし術
今関知良 著　四六判２２４頁１４００円

育てて楽しむ タケ・ササ 手入れのコツ
内村悦三 著　Ａ５判１１２頁１３００円